Visão Totalizante
Como promover leituras estratégicas do ambiente

OUTROS TÍTULOS DA SÉRIE

Criatividade e Inovação – Como adaptar-se às mudanças
Lygia Carvalho Rocha

Consumidor – Como elaborar o seu perfil
Lygia Carvalho Rocha

Gestão de Projetos – Como estruturar logicamente as ações futuras
Guilherme Pereira Lima

Técnicas de Reunião – Como promover encontros produtivos
Leonardo Ribeiro Fuerth

Negociação – Como estabelecer diálogos convincentes
Jorge Dalledonne

Inovação Tecnológica – Como garantir a modernidade do negócio
Ronald Carreteiro

Relacionamento Interpessoal – Como preservar o sujeito coletivo
Maria do Carmo Nacif de Carvalho

Processos com Resultados – A busca da melhoria continuada
Antonio Carlos Orofino

Faces da Decisão – Abordagem sistêmica do processo decisório
Maria José Lara de Bretas Pereira e João Gabriel Marques Fonseca

SÉRIE GESTÃO ESTRATÉGICA

Visão Totalizante
Como promover leituras estratégicas do ambiente

JORGE DALLEDONNE
Engenheiro e Economista
Mestre em Economia Empresarial
Consultor na Área de Gestão e Controle de Projetos

A autor e a editora empenharam-se para citar adequadamente e dar o devido crédito a todos os detentores dos direitos autorais de qualquer material utilizado neste livro, dispondo-se a possíveis acertos caso, inadvertidamente, a identificação de algum deles tenha sido omitida.

Não é responsabilidade da editora nem do autor eventuais danos ou perdas a pessoas ou bens que tenham origem no uso desta publicação.

Direitos exclusivos para a língua portuguesa
Copyright © 2009 by
LTC — Livros Técnicos e Científicos Editora S.A.
Uma editora integrante do GEN | Grupo Editorial Nacional

Reservados todos os direitos. É proibida a duplicação ou reprodução deste volume, no todo ou em parte, sob quaisquer formas ou por quaisquer meios (eletrônico, mecânico, gravação, fotocópia, distribuição na internet ou outros), sem permissão expressa da Editora.

Travessa do Ouvidor, 11
Rio de Janeiro, RJ — CEP 20040-040
Tel.: 21-3970-9480
Fax: 21-2221-3202
ltc@grupogen.com.br
www.ltceditora.com.br

Editoração Eletrônica: ANTHARES

CIP-BRASIL. CATALOGAÇÃO-NA-FONTE
SINDICATO NACIONAL DOS EDITORES DE LIVROS, RJ.

D151v

Dalledonne, Jorge
Visão totalizante : como promover leituras estratégicas do ambiente / Jorge Dalledonne. - Rio de Janeiro : LTC, 2009.
(Gestão estratégica)

Inclui bibliografia
ISBN 978-85-216-1671-9

1. Cultura organizacional. 2. Comportamento organizacional. 3. Desenvolvimento organizacional. 4. Planejamento estratégico. I. Título. II. Série.

08-5175.

CDD: 658.406
CDU: 658.012.32

Série Gestão Estratégica

APRESENTAÇÃO

Quando idealizamos o desenvolvimento da **Série Gestão Estratégica**, estávamos movidos por um conjunto de constatações extraídas da realidade brasileira, suficientemente consistentes para evidenciar a existência de lacuna no desenvolvimento de novos gestores.

Já há muitos anos militamos junto ao mundo acadêmico e ao sistema produtivo.

Nossas observações foram objeto de registros nos livros que escrevemos, nos artigos veiculados em mídias diversas, nas palestras, congressos e seminários, assim como nas salas de aulas, quando ministrando cursos.

Ratificamos nossas percepções junto aos muitos profissionais que nos cercam e que durante todo o tempo de existência da revista *DECIDIR*, detentora do Prêmio Belmiro Siqueira, veicularam suas idéias nos muitos artigos publicados.

Um pensamento comum conduziu para a articulação lógica de um conjunto de competências que, além de indispensáveis ao desenvolvimento do gestor, garante-lhe um exercício profissional envolvido na necessária fundamentação.

Em cada um dos dez títulos da série existe uma história de vida, rica o suficiente para a construção de uma orientação permeada pela vivência de quem propõe.

Merecer a confiança da LTC representou para todos os envolvidos um coroamento para os bons momentos de dedicação na elaboração dos textos.

Nossa esperança reside na construção de novos profissionais de gestão, comprometidos em agregar, a cada momento profissional, práticas comprovadamente bem-sucedidas.

Conscientes que muitos são os passos da caminhada de um gestor, guardamos a esperança de que a **Série Gestão Estratégica** ofereça confiança para iniciar a trajetória.

Eraldo Montenegro
Coordenador

PREFÁCIO

Escrever um prefácio é sempre uma missão que envolve entender um livro e um autor. Livros e seus autores tornam-se atores totalmente independentes e o prefácio finalmente transforma-se em uma peça que trata de dois temas.

Conheço o autor há cerca de 50 anos, e sempre apreciei a sua capacidade de pensar de forma holística. Sempre que tratei de qualquer tema com ele, sua visão era imediatamente a de colocar o assunto em um contexto maior, e as idéias que fluíam a seguir eram imediatamente elevadas a um significado mais abrangente. Dessa forma, eu entendo perfeitamente que ele trate a questão da gestão totalizante, pois esta forma de ver de maneira holística as instituições advém de uma característica de sua forma pessoal de ver as coisas.

Um livro sobre visão totalizante da gestão é mais do que bem-vindo neste momento. Mas, afinal, o que este momento tem de especial? É natural que nos perguntemos se a visão totalizante não terá sido sempre necessária. Como é possível avaliar um empreendimento ou gerir uma instituição de forma parcial? Por que totalizante agora? Ou, por que não seguimos gerindo instituições como sempre se fez no passado?

A complexidade do mundo aumentou muito. A globalização aumentou a fronteira geográfica do processo decisório. O grave problema social dos dias de hoje, que, aliás, não é nada novo, afetou a realidade por alargar a fronteira de visão das instituições, nem que seja por que o mercado dos bem-aquinhoados não basta mais. A questão do meio ambiente tornou todos os problemas conectados com a fragilidade de um planeta que é nossa única habitação.

A sustentabilidade de qualquer empreendimento está conectada com uma visão social ampla, uma percepção social honesta e sincera, e com uma fronteira geográfica que contém todo o planeta. É, assim, necessário estender uma visão totalizante às nossas ações. Hoje, mais do que em qualquer outro período passado.

É preciso, entretanto, reconhecer que ninguém pode ter uma efetiva visão totalizante. Toda visão é parcial, até porque somos limitados em nossa capacidade de análise e também em nossa possibilidade de ação. Como ter uma visão totalizante e ao mesmo tempo saber que nossa visão e ações jamais alcançarão tudo?

Vale a prece que lembra que precisamos ter a necessária serenidade diante de problemas que estão além de nosso poder, a necessária coragem para modificar o que está ao nosso alcance e sabedoria para distinguir as diversas situações. No caso da visão totalizante, precisamos ter a serenidade de perceber as nossas limitações e as limitações das instituições, precisamos ter coragem para não nos entregarmos às dificuldades e extensão dos problemas e a sabedoria para entender o grande universo em que se constitui o nosso campo efetivo de visão totalizante.

É necessário ler o livro. Boa leitura.

Luiz Carlos Scavarda do Carmo
Vice-reitor administrativo da PUC-Rio

Comentários e Sugestões

Apesar dos melhores esforços do coordenador, do autor, do editor e dos revisores, é inevitável que surjam erros no texto. Assim, são bem-vindas as comunicações de usuários sobre correções ou sugestões referentes ao conteúdo ou ao nível pedagógico que auxiliem o aprimoramento de edições futuras. Encorajamos os comentários dos leitores que podem ser encaminhados à LTC — Livros Técnicos e Científicos Editora S.A., editora integrante do GEN | Grupo Editorial Nacional, no endereço: Travessa do Ouvidor, 11 — Rio de Janeiro, RJ — CEP 20040-040 ou ao endereço eletrônico ltc@grupogen.com.br.

SUMÁRIO

Introdução 1

CAPÍTULO 1 *Caracterizando uma Visão Totalizante – A Competência 5*

CAPÍTULO 2 *Entendendo a Complexidade – O Ambiente 13*

CAPÍTULO 3 *Identificando o Perfil do Gestor Totalizante 17*
3.1 A mente de um gestor totalizante – Um caso particular 17
3.2 Entendendo o perfil – Uma questão de personalidade 19
3.3 Entendendo as vantagens competitivas – Uma questão de atributos 21
3.4 Características gerenciais do personagem – Uma questão de emergência 26
3.5 Identificando instrumentos básicos para pensar 34

CAPÍTULO 4 *Bases para a Construção de uma Metodologia 101*
4.1 Estratégias – Vantagens e desvantagens 101

CAPÍTULO 5 *Aplicando a Visão Totalizante – A Metodologia em Ação 121*
5.1 Metodologia intuitiva 121
5.2 Metodologia analítica 128
5.3 Revendo posições – O ajuste da análise 138
5.4 A expressão final da visão totalizante – A conexão do discurso com a complexidade da realidade observada 142

CAPÍTULO 6 *O Desenvolvimento de um Gestor com Visão Totalizante 147*
6.1 O processo de formação de um gestor totalizante 148

CAPÍTULO 7 *Conclusões, Reflexões e Desdobramentos 161*

Bibliografia 165

Introdução

A visão totalizante é o resultado de um processo de percepção difusa da realidade que se sustenta em todo e qualquer conhecimento adquirido. Parte da constatação de que o conhecimento e a experiência sempre caracterizarão uma estrutura transportável para a situação desafiadora que favorecerá a percepção de facetas inusitadas, na sua grande maioria não percebidas pelos outros, nas situações desafiadoras de suas atividades.

A visão totalizante é, metaforicamente, o resultado da exposição de um fato complexo a um observador que, dotado de uma espécie de câmera cognitiva e vivencial, registra, através de filtros, as diversas peculiaridades do fato submetido aos seus aparatos de exposição, mas não pára por aí.

Assim, o conjunto dos diversos produtos da exposição, acrescido da capacidade de processamento do observador, é que permite ao observador ver além do meramente observado e com isso inferir e projetar objetos espaço-temporais que podem romper com o conforto da continuidade e desse modo acenar com percepção de ameaças e oportunidades para sua organização. Não existe, portanto, como se infere com facilidade do que foi e será dito, o conhecimento descartável.

O que aqui se pretende é apresentar um conjunto de elementos que ajudam o mecanismo de percepção do gestor e cuja competência resultante pode ser entendida como uma visão totalizante. Para atingir esse objetivo, essas notas excursionam por alguns instrumentos cognitivos e metodológicos que nossa vivência particular e pesquisa garantem que auxiliam na construção organizada dessa visão totalizante.

Em outras palavras, o que se objetiva é ampliar e organizar os filtros do gestor para que ele aumente a sua abrangência perceptiva da realidade vivida e com isso o seu poder de decisão sobre fatos e suas conseqüências em seu dia-a-dia organizacional.

Tendo isso em mente, as notas seguem um roteiro pelo qual, inicialmente, se busca reduzir as expectativas para que o leitor perceba a realidade do que se convencionou chamar de visão totalizante.

Logo após, procura-se caracterizar o personagem – o gestor totalizante, em termos de pré-requisitos tanto de sua forma de perceber o mundo como da forma de atuar sobre ele. Em um terceiro momento, caracteriza-se o personagem em sua ação gestora, destacando-se aspectos do perfil esperado.

No passo seguinte, visualizado o personagem, procurar-se-á fornecer um conjunto de conhecimentos capazes de completar um instrumental para o seu pensamento – pequenos modelos invariantes pesquisados no dia-a-dia e que se revelam de suma importância interpretativa quando transportados para situações em que a complexidade é a tônica.

Finalmente chega-se às bases que referenciam a própria possibilidade de se construir uma metodologia de abordagem de uma realidade, tendo a visão totalizante como perspectiva.

Para concluir, consolida-se um roteiro metodológico que auxiliará o gestor no processo de regulação de suas formas de abordagem para que a realidade identificada se revele a mais "total" possível em sua concepção e operacionalizável na prática.

Essas notas devem ser vistas como um ponto de partida. O aprofundamento de cada item do que será tratado daqui para diante é uma necessidade e caracteriza-se como um esforço obrigatório para todo aquele que quiser cada vez mais aperfeiçoar sua competência de gestor totalizante – a busca de filtros complementares que desvendem cada vez mais pontos relevantes de interpretação da realidade.

Nessas notas, algumas notícias, que asseguramos ao leitor são fundamentadas e fruto de nossa vivência, estão sendo dadas para despertar o interesse e a capacidade de se auto-educar nesse processo de desenvolvimento. A bibliografia citada no último capítulo é uma excelente base para o desafio de desenvolver o hábito de uma educação permanente sobre o tema.

Faça bom proveito e aperfeiçoe-se sempre em qualquer oportunidade. Lembre-se de que, por mais conhecimento que você tenha, alguém, ou algo, sempre lhe ensinará alguma coisa. Mantenha, portanto, suas antenas ligadas, você se surpreenderá como fatos que, apesar de uma simplicidade assustadora, revelarão atalhos para que você lide com a complexidade de uma perspectiva cada vez mais abrangente em momentos posteriores de suas atividades.

CAPÍTULO 1

Caracterizando uma Visão Totalizante – A Competência

A expectativa, principalmente na esfera de gestão, de se ter uma visão totalizante para aperfeiçoar a tomada de decisão nas organizações é sobremaneira atraente.

Todavia, o neologismo criado e tornado de uso comum possui intrinsecamente alguns paradoxos se tomado como indicador de uma verdade absoluta. A simples admissão de se possuir uma visão da realidade com amplo domínio de todos os aspectos que a compõem é utópica. Se não, vejamos. Se, por um lado, a simples necessidade de se identificar e armazenar não apenas um conjunto de informações, mas o conjunto de **todas** as informações que se associam a um fenômeno, já exigiria uma mente infinita, por outro lado, o processamento desse conjunto exigiria velocidade igualmente infinita e, mesmo assim, de todo o tempo do mundo para rodar o processo. Logo, a contrapartida da visão totalizante como a verdade absoluta é uma prerrogativa praticamente divina, difícil de ser admitida dentro da potencialidade da raça humana.

Uma excelente ilustração desse fato foi utilizada no filme *O Todo-Poderoso*, quando Jim Carrey[1] recebe de Deus, desempenhado por Morgan

---

[1] Nesse filme, Jim Carrey encarna o repórter televisivo Bruce Nolan. Entediado com a vida, sua última esperança seria assumir o cargo de âncora de um telejornal local. No entanto, um forte concorrente (Steve Carrell) tem tudo para deixá-lo para trás.

Depois de uma forte crise nervosa no meio de uma transmissão ao vivo, Bruce é demitido imediatamente, o que complica ainda mais as coisas. Ele, então, culpa Deus por

6   Capítulo Um

Freeman, a incumbência de substituí-lo. Em determinado momento, ele passa a ouvir ao mesmo tempo as vozes de todos os seres humanos que se dirigem a Deus, ficando assim atônito pela incapacidade de conseguir perceber como processá-las e decidir sobre cada uma. Metaforicamente, seria esse o caso se a visão totalizante fosse completa para o gestor.

Na realidade, por que então se necessita de uma visão totalizante? A incerteza e a imprevisibilidade são duas condicionantes da tomada de decisão que derivam diretamente da incapacidade do decisor de relacionar um fenômeno que afete a rotina empresarial, como mudança da legislação, falha do sistema de energia, greve, mudanças tecnológicas, novos concorrentes etc., com suas possíveis conseqüências sobre o todo organizacional.

Uma análise direta dessas variáveis demonstra que a perturbação da capacidade de decidir corretamente não se prende apenas a um fenômeno em si, mas relaciona-se obrigatoriamente com o efeito cascata que as relações do fato perturbador podem produzir sobre outras variáveis, gerando novos fatos e novas relações, os quais, quando se compõem em fase, podem gerar ações destrutivas que afetam a saúde empresarial.

Em conseqüência, qualquer que tenha sido o tipo de decisão tomada, a constatação e a análise posteriores do resultado apontarão para uma falha de decisão e identificarão naturalmente uma incompletude, a inobservância de variáveis relevantes e de relações entre o fenômeno perturbador e outros fatos que, por possuírem efeitos significativos, geraram erros de monta na decisão tomada.

Em resumo, a expectativa dos gestores é de que, quanto mais variáveis e relações forem consideradas para a tomada de decisão, menor a taxa de erro da própria decisão – emerge a necessidade de uma competência estratégica adicional: a visão totalizante.

Apesar de uma necessidade clara, apesar de se tratar de um recurso que amplia o espaço e focaliza melhor a ótica de análise, e ainda que soe como um importante instrumento redutor de incertezas e da imprevisibilidade, a conseqüente ampliação do foco e da quantidade dos elementos

---

todos os seus infortúnios, acusando-o de não trabalhar direito. Bruce só não contava que Deus (Morgan Freeman) estaria à escuta, e Este, para mostrar o quanto seu trabalho era difícil, delega todos os seus poderes ao repórter e sai de férias. (Informação extraída e adaptada do *site* acessa.com.)

e das relações que influem em uma tomada de decisão acaba batendo de frente com uma barreira natural representada pela necessidade empresarial da economicidade. Economicidade está vista em várias dimensões como: redução do custo efetivo do processamento das informações, otimização de processos, busca do rendimento máximo nas ações e agilidade na tomada de decisão, para que determinada oportunidade seja ocupada antes da concorrência.

Fica assim a visão totalizante diante de um paradoxo: de um lado, a efetiva demanda e a constatada importância dessa competência para a tomada de decisão abrangente e fundamentada; do outro, a impossibilidade de a visão totalizante ser aplicada, sem trocadilho, em sua totalidade, dadas as limitações humanas por um ângulo e os desafios empresariais por outro.

Com esse dilema, surge uma pergunta básica: Como caracterizar a visão totalizante como um instrumento eficaz de gestão das empresas em busca da eficiência, da eficácia, da adaptabilidade e do vanguardismo –, indicadores[2] fundamentais na geração de diferenças competitivas para as organizações e da garantia de sua manutenção no tempo – sua sustentabilidade?

Em primeiro lugar, precisa ficar muito claro que a chamada visão totalizante caracteriza-se como um objetivo permanente a atingir, uma ação de natureza estratégica, que vai gerando atalhos na forma de abordar a realidade, identificando modelos invariantes que permitem inferências econômicas sobre o que pode ser a totalidade que estrutura e condiciona o fenômeno observado.

Essa consideração já permite inferir que o fenômeno perturbador, quando visto em sua singeleza e simplicidade, revela-se como uma simplificação, uma forma de isolar um pólo de irradiação da teia de relações que será tão complexa quanto maior for o instrumental de análise disponível e justificar a intenção do gestor em atingir certos objetivos e metas.

A visão totalizante, na realidade, é um eufemismo. Ilustrativamente, pode ser simbolicamente visualizada por uma linha e uma curva cres-

---

[2] Em *Indicadores Empresariais* (2004), definimos a constatação do valor de uma empresa como o resultado da percepção pelos analistas da capacidade dessa empresa de ser eficiente operacionalmente; eficaz em relação com seus agentes externos; adaptável diante das mudanças conjunturais; e de vanguarda, ao ser capaz de se antecipar às mudanças estruturais.

cente assíntotas entre si, representadas em um espaço definido por dois eixos V e t. Veja a Figura 1.1.

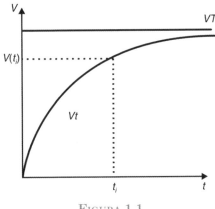

FIGURA 1.1

- o eixo horizontal (t) representa o eixo dos tempos e caracteriza o tempo no qual o gestor acumula conhecimentos e experiências que o levam a ter uma visão cada vez mais nítida da complexidade inerente à realidade que condiciona seu espaço de decisão;
- a realidade observada é representada por uma curva (Vt), um fenômeno qualquer que perturba a normalidade;
- no eixo vertical (V) registram-se os resultados pontuais dessa acumulação: (Vt_i) no instante t_i, por exemplo;
- finalmente, a reta VT simboliza a visão totalizante (a verdade absoluta) utópica, que nunca será atingida.

Essa curva nos ajuda visualizar esse processo permanente da construção de uma visão totalizante e nos fornece a oportunidade de entender melhor um conceito adicional que reputamos importante ser fixado – trata-se do conceito de abstração.

Abstração, de uma maneira prática, pode ser entendida como o nível de redução das variáveis que estão em jogo em um fenômeno, de modo a tornar mais simples a tomada de decisão sobre algum fato. Logo,

$$n(Vt) = n(VT) - D,$$

em que:
- (Vt) é a visão totalizante possível e efetiva de um analista qualquer de informação;

- n é um operador que caracteriza o número de variáveis e relações que são consideradas;
- D é o número de variáveis/relações desconsideradas, de modo que a tomada de decisão seja a mais adequada possível.

Há, todavia, um novo problema nessa equação. Como VT representa a visão totalizante real, ou utópica, o resultado da operação $n(VT)$ tende ao infinito, o que torna a equação, apesar de conceitualmente correta, impraticável, já que um número infinito diminuído de um finito, no caso D, tende a ter um resultado igualmente infinito.

Em conseqüência, define-se um elemento de natureza complementar: **Nível de Abstração[3] (A)**, como a quantidade de relações/variáveis tomadas como aceitáveis para a tomada de decisão, dentro de uma expectativa de erro considerada desprezível para os efeitos da decisão, na equação, $A = n(Vt)$.

Como, na prática, não se conseguem definir todas as variáveis que caracterizam a visão totalizante, para excluir aquelas menos significativas, o sentido tende a ser o inverso.

Questão importante: *o que efetivamente caracteriza possuir a competência chamada de visão totalizante?*

Trata-se da capacidade de visualizar um fenômeno com uma estratégia pela qual o fenômeno seja percebido, tenha sua complexidade respeitada, de uma forma tal que viabilize uma tomada de decisão otimizada, pela minimização dos erros cometidos por desconsiderar, por construção mental, algumas variáveis e algumas relações internas ao próprio fenômeno observado e entre esse e outros fenômenos.

Apesar de a digressão apresentada poder soar como purismo, vale a pena destacar que ela fundamenta uma conceituação bastante relevante e altamente significativa que vamos reforçar: existe uma atividade reguladora na obtenção de uma visão totalizante. A visão racional dedutiva, que vem de uma estratégia analítica do objeto por meio de múltiplas abordagens que isolam, decompõem, explicitam aspectos significativos

---

[3] Rita Almeida (2005) define termo semelhante à abstração como compactação da informação, ou seja, na tentativa de simplificar procedimentos, o número de informações efetivamente considerado é menor que o real, mas, dentro da compactação realizada, fornece um certo grau de previsibilidade de comportamento do fenômeno, ou seja, uma taxa de erro aceitável para os propósitos da tomada de decisão.

10 Capítulo Um

do objeto relevante, não é suficiente, arriscaríamos dizer tende a ser incorreta, ou, na melhor das hipóteses, insuficiente.

Como explicitamos nas considerações preliminares de uma visão totalizante, essa abordagem tem um quê de paradoxal, pois admite o todo já observado e, portanto, disponível para ser analisado. Revela-se inconsistente, portanto, uma perspectiva que se concentre em um processo que desmonta em partes o objeto analisado para depois introduzir uma arrumação criativa dessas partes.

A visão totalizante, por definição, tem um toque de originalidade, que é ver o que não está explícito e articular com o que está de fora e que precisa fazer parte do todo real. Em suma, *a visão totalizante não vem apenas da complexidade do fato observado para o observador*, mas é uma atividade que obrigatoriamente se caracteriza como proativa – uma aposta do observador que infere, a partir de seus modelos e projeções, o que vem a ser a totalidade observada.

Claro que precisa estar sempre presente, consciente ou inconscientemente, na mente do gestor um processo regulatório que avalie a relação entre a visão apostada, fortemente intuitiva, e a ação analítica, de orientação dedutiva, de modo a que sejam possíveis de ser atingidos os objetivos de sua tomada de decisão como forma de consolidação da visão totalizante. Por outro lado, é preciso entender, como será visto mais à frente, que a visão intuitiva não surge do nada, apóia-se em um processo anterior, com conotações didático-pedagógicas, que se utiliza da própria visão dedutiva limitada e restrita para que as próprias estruturas inconscientes e amplas, responsáveis pela indução da resposta mais ampla e abrangente, possam se constituir. Mais adiante vamos explorar melhor essa consideração. Por ora, percebida a estrutura que sustenta a visão totalizante quando em ação, acreditamos que podemos considerar suficiente o que apresentamos até agora.

Passaremos para uma abordagem construtivista, que permitirá ao leitor se preparar com mais desenvoltura para esse desafio. Vamos, nesse momento, resumir o que foi apresentado.

- *Visão Totalizante* (*VT*), em sua acepção livre, é caracterizada como uma utopia, e incompatível com as variáveis inerentes ao espaço empresarial.

- **Visão totalizante** (*Vt*), em sua concepção prática, é mais restrita e incorpora um grau de abstração necessário à possibilidade e à eficácia da tomada de decisão.

De agora em diante, sempre que for mencionado o termo Visão totalizante, será como *Vt*, ou seja, aquela visão totalizante restrita com um grau de abstração que, em determinado instante de tempo, é a mais adequada à tomada de decisão sobre um fenômeno observado. Adicionalmente também, de agora em diante, o termo fenômeno será substituído pelos vocábulos fatos ou situação, que, além de serem menos acadêmicos, são mais consoantes com a realidade empresarial, portanto para todo aquele que gere negócios.

Em suma, Visão totalizante será caracterizada como:

Competência Gerencial que favorece o uso pelo gestor do maior número de variáveis e relações para interpretar um fato observado, dentro de uma taxa de erro não-significativa para os propósitos de sua tomada de decisão.

CAPÍTULO 2

Entendendo a Complexidade – O Ambiente

Convém destacar que, ainda que a complexidade sempre esteja posta em toda a sua magnitude para o analista, sua gênese parte de um elemento simples que, após se manifestar pela primeira vez, interage e gera vínculos com outros elementos, o que acaba por constituir a complexidade observada.

O que queremos dizer é que, ainda que o fato observado seja complexo, sua construção partiu do simples, por desdobramentos igualmente simples, mas que, ao se reproduzirem e se conectarem a outros originariamente simples, se apresentam para o observador como altamente complexos, porque todas as interações e variáveis presentes, até as menos significativas, são sempre levadas em consideração; afinal de contas, o fato é aquele, e ponto final.

Façamos uma digressão. O chamado efeito borboleta, que afirma que as coisas estão tão interligadas que o bater das asas de uma borboleta em uma parte do mundo pode gerar uma catástrofe do outro lado, é uma metáfora representativa da rede invisível que interliga todos os fatos que ocorrem no mundo.

A metáfora ilustra que o simples, como já mencionado, existe como pólo de irradiação, apesar de seu aparente isolamento, já que, na práti-

14 Capítulo Dois

ca, nada está isolado. Aqui cabe um questionamento: Se nada está isolado, o que vem a ser a simplicidade?

Na nossa maneira de ver, nada está isolado se visto à totalidade do mundo. Na realidade, lembrando de nossa equação, a totalidade, que potencialmente engloba um número infinito de variáveis de relações, precisa ser tornada prática para ser manipulada. Precisa, portanto, ser visualizada de modo reducionista para que haja capacidade humana para trabalhar suas redes de conhecimento e formular decisões. Torna-se necessário um poder de abstração.

Aproveitando o que dissemos anteriormente, podemos ratificar a idéia de que fato simples e singelo é uma abstração. A prática permite afirmar que não existe a realidade definida por um ato de abstração – essa realidade é um construto intelectual, já que o ato de gerar abstrações é uma prerrogativa do homem. Só ele pode se dar ao luxo de abstrair-se da realidade complexa de tal modo que, em sua mente, o fato singelo e simples se torne a realidade observada.

Não é outra a forma que os monges utilizam para se desconectar da realidade e buscar a inspiração em seu eu interior. Nem, talvez, seja diferente a reflexão profunda do cientista que se debruça tão diretamente sobre o objeto da pesquisa que perde a noção do aqui e agora.[4] Todavia, a possibilidade de abstrair-se a ponto de ouvir inspirações do eu interior, ou de se desligar das perturbações do dia-a-dia, exige que o eu interior seja capaz de lidar com a multiplicidade de variáveis e relações ao mesmo tempo em que isola os fatos singelos e simples para elaborar sua cadeia regulatória de induções e deduções.

Todavia, como já insinuamos linhas atrás, as coisas não surgem necessariamente complexas, o aparecimento de algo simples gera tão rapidamente novas relações com o existente, e, dependendo de sua possibilidade reprodutiva, novos elementos e múltiplas relações, que o simples sempre já aparece complexo para quem o observa.

Ilustremos com um bebê. Tomando como ponto de partida a fecundação, a célula inicial se reproduz por duplicação da célula original, daí

---

[4] Conta-se que Einstein, em uma ponte, conversando com alunos, ao terminar a conversa teria perguntado: Quando encontrei vocês eu estava indo para lá ou para cá? Tendo os estudantes esclarecido para que lado ele ia, Einstein agradeceu e terminou dizendo: Vou andar rápido, porque, se estou indo naquela direção, ainda não almocei, e estou com fome.

geram-se unidades especializadas, com conexões várias com a mãe, até que essa unidade biológica amadurece de tal modo que um ser complexo sai do útero materno e ganha vida própria.

Pode-se dizer que, assim como as partículas elementares, estruturas vão se compondo, os elementos resultantes apresentam-se complexos, e cada nova complexidade se associa a outras para que os componentes do universo em que vivemos se formem.

No espaço gerencial, nosso universo de abordagem, nada é diferente. Nele, a complexidade também é derivada de unidades elementares simples, os dados; esses se compõem de modo interativo, gerando informações, que interagem e das quais derivam conceitos. Os conceitos, por sua vez, interagem e geram conhecimentos, os quais estão na estrutura profunda dos fatos gerenciais observados e, portanto, obstaculizam a tomada de decisão.

• CAPÍTULO 3 •

Identificando o Perfil do Gestor Totalizante

Para atingir o objeto previsto neste capítulo, convém categorizar os espaços sobre os quais precisamos nos debruçar para que os elementos componentes desse perfil sejam mais bem compreendidos.

Assim, aspectos inerentes ao seu modo de pensar, atributos pessoais que lhe fornecem vantagens competitivas, o perfil gerencial característico, os conhecimentos que precisa dominar e a metodologia que necessita saber utilizar são as categorias que segmentam conceitualmente o perfil do gestor totalizante e que facilitam compreender os componentes que, ao se somarem e articularem em uma primeira instância, induzem o que se entende por visão totalizante.

3.1 A MENTE DE UM GESTOR TOTALIZANTE – UM CASO PARTICULAR

Philip Ross, colaborador da revista *Scientific American*,[5] na edição de agosto de 2006, no artigo The Expert Mind, conta o caso de Raúl Capa-

---

[5] Veja a revista citada e as considerações sobre a mente especializada e sua forma de atuar.

blanca que, em 1909, jogou 28 partidas simultâneas de xadrez com 28 vitórias. Perguntado como conseguia calcular, sob imensas restrições, cada possibilidade e decidir pela melhor jogada, Capablanca teria respondido que via apenas um movimento a ser feito, o problema é que esse movimento era sempre o correto.

Diversas pesquisas sobre a mente especializada levantam uma série de aspectos que contrariam uma visão esperada de que o posicionamento dos grandes *experts* se deva a uma memória fotográfica privilegiada. Na realidade, a memória dos *experts* era normal e inferior à de muitos indivíduos.

A tentativa de pensar as características dessa forma nos ajuda a perceber que há uma similaridade estrutural entre a mente do jogador de xadrez, do desportista de destaque, do físico ou de um médico que, com um simples olhar, diagnostica a doença de um paciente, e do nosso gestor totalizante, que, ao olhar para um ambiente de alta complexidade, identifica um aspecto relevante e um caminho capazes de provocar profundas mudanças na forma de se perceber a realidade até aquele instante.

O artigo de Ross explora muito bem as dificuldades de se perceber a forma de atuar desse tipo de mente, mas pode-se inferir de suas explanações que uma mente capaz de intuir a melhor solução dentro de um processo de alta complexidade tem de possuir pelo menos duas habilidades intelectuais:

1. Uma visão estruturada do espaço sobre o qual atua, de modo a perceber as conexões possíveis capazes para organizar o caos ou parte do caos, de modo a que possa emergir uma solução original não percebida até aquele momento. Portanto a mente possui como ferramentas imprescindíveis a conectividade e uma visão estrutural do foco de sua atuação.

2. O domínio de estruturas modulares de conhecimento e capacidade de transferi-las para outras situações, eliminando assim um elevado tempo de processamento e inferindo soluções únicas em ambientes complexos.

Em ambos os casos, não é uma atividade inata, o exercício repetitivo de perceber estruturas e identificar conexões, além de dominar módulos de conhecimento e exercer suas transferências para outros campos, para explorar analogias, são os elementos que desenvolvem a mente.

Ross permite-nos inferir que o segredo do jogador de xadrez está em estudar para dominar o seu campo de ação e incorporar às suas ferramentas interpretativas diversas variantes modulares de aberturas e movimentos para que esse todo se articule e seja inconscientemente utilizado quando o desafio se fizer presente.

Pode-se afirmar que o mesmo se dá com o jogador de futebol, com o médico ou com o gestor totalizante.

Em nosso modo de ver, há certamente uma personalidade formada pela vivência dos indivíduos que favorece o desenvolvimento desse gestor. Em resumo, existe necessidade do domínio da estrutura geral sobre a qual ele exerce sua gestão e um exercício permanente de conhecer, saber utilizar e transferir os diversos modelos elementares de conhecimento capazes de fornecer atalhos que o levem a encontrar um fato relevante em meio a uma complexidade muitas vezes caótica.

3.2 ENTENDENDO O PERFIL – UMA QUESTÃO DE PERSONALIDADE

Aqui precisamos passar por um espaço em que certas inferências psicológicas devem ser feitas.[6] Para isso, vamos utilizar um modelo de representação cuja utilização explicaremos mais adiante; costumamos chamá-lo de modelo quaternário[7] ou dos quadrantes.

Tomemos por base as seguintes duplas de oposições: subjetivo × objetivo e unidade × diferença. Essas oposições geram quatro quadrantes representados pela Figura 3.1, em cujo eixo horizontal marcamos a passagem do objetivo para o subjetivo e no vertical a passagem da unidade para a diferença, ou, de modo mais preciso, da perspectiva unitária para a perspectiva diferenciadora.

---

[6] Certamente não há espaço para um aprofundamento das pesquisas que levaram a inferir sobre as observações que estamos fazendo sobre o perfil de gestor totalizante. Todavia, o que apresentamos aqui é fruto de um trabalho coletivo no qual tivemos a honra de participar como responsáveis pela Assessoria de Desenvolvimento Empresarial, junto de outros colegas e colaboradores, liderados por Luiz Sérgio Coelho de Sampaio, vice-presidente e mentor geral dos trabalhos de desenvolvimento de uma cultura gerencial inovadora na Embratel de 1979 a 1985.
[7] Como será visto mais à frente, o modelo quaternário busca representar duas oposições que se confrontam e ganham a forma dos chamados quadrantes que explicitam quatro elementos alternativos de posicionamento.

A Figura 3.1 mostra os quatro quadrantes que se formam.

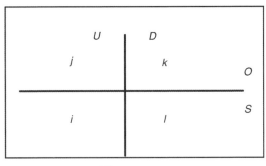

FIGURA 3.1

Os espaços são:

- i – espaço das unidades subjetivas do indivíduo – aquilo que caracteriza suas intenções; gerencialmente, refere-se ao senso de projeto;
- j – espaço das unidades objetivamente determinadas – aquilo que caracteriza a unidade visualizada prospectivamente; o que filosoficamente se entende como percepção histórica gerencialmente refere-se ao senso de oportunidade;
- k – espaço das diferenças objetivadas – gerencialmente, refere-se ao senso de sistematização ou de organização;
- l – espaço das diferenças subjetivamente implantadas – gerencialmente, refere-se ao senso de intuição.

Ora, essa forma de representar os sensos gerenciais nos leva a representar os sensos como na Figura 3.2.

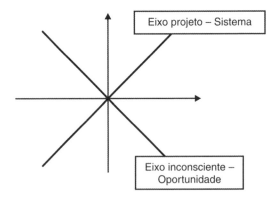

FIGURA 3.2

Interessante notar que o eixo projeto-sistema tem uma linha de orientação fortemente masculina, já que focaliza os temas que exigem raciocínio analítico/dedutivo. Por sua vez, o outro eixo é preferencialmente a forma de raciocínio feminino, ou seja, com atributo sintético/indutivo que lida com certa constância com a intuição cuja lógica formal subjacente não é explicitamente a condutora do raciocínio.

Como se pode inferir, uma mente que se concentre no eixo masculino tende a resolver problemas organizacionais e a perseguir resultados. O outro tipo de mente tende a perceber soluções onde ainda existam dados faltantes, ou cujos horizontes não estejam bem definidos.

É no equilíbrio e na capacidade de desenvolver e usar esses dois eixos, que se associam, em tese, aos lados direito e esquerdo do cérebro, que reside o perfil da personalidade do gestor totalizante. Desenvolver essas duas componentes é uma necessidade para quem se propõe a se tornar um gestor totalizante.

Diríamos, por analogia, que essa é uma condição necessária, sem a qual não adianta treinar o gestor nos demais atributos. Mas não podemos afirmar absolutamente que ela é suficiente. Existem atitudes que permitem que esse senso equilibrado possa encontrar nutrientes no ambiente para, real e efetivamente, conseguir se manifestar e revelar sua eficácia. Vamos a eles.

3.3 ENTENDENDO AS VANTAGENS COMPETITIVAS – UMA QUESTÃO DE ATRIBUTOS

3.3.1 Proatividade

Certamente não é a passividade a característica de um personagem que possui uma visão totalizante. Como vimos nas reflexões iniciais, há uma parte da forma de encontrar a visão totalizante adequada com característica indutiva na qual o gestor aposta em uma possibilidade. O passo seguinte é aquele no qual o gestor regula essa sua aposta com os resultados de sua estratégia analítica.

Em conseqüência, a proatividade é uma característica marcante do gestor totalizante.

Em nosso livro *Negociação*, utilizamos a representação do radar para explorar uma analogia entre o negociador em um ambiente que precisa obter informações e o radar em seu papel de identificar desvios da normalidade da área em que está atuando como uma ferramenta de segurança.

O que faz o radar? Não é, como se pensa, um objeto passivo esperando que algum objeto estranho entre em seu raio de ação. Ele lança sinais eletromagnéticos e avalia seus retornos como forma de detectar a perturbação que se transforma em informação.

A mente inquieta é uma característica daquele que não se conforta com o pronto e acabado. Sempre sua mente lança hipóteses e observa os retornos para poder reconstruir o observado. Percebe-se que nessa atitude, não necessariamente visível por uma observação externa, de um eterno lançar de questões e computar respostas, uma curiosidade permanente intelectual marca-se como uma atitude indispensável para o gestor totalizante

3.3.2 Atenção Difusa

Essa atitude é uma conseqüência natural da certeza de que o foco preconcebido pode ser uma ilusão. Não é de outro modo que o mágico ilude a platéia: ele atrai a atenção do público para um ponto enquanto a informação relevante está disponível em outro lugar não-observado.

Weiseman (2005) ilustra muito bem essa dificuldade de percepção com o exemplo apresentado em um vídeo em que dois grupos de alunos com camisas brancas e pretas trocam passes, e no qual cada grupo possui uma bola de basquete. Pede-se ao observador que conte o número de passes da equipe com camisas brancas. No meio do filme, ostensivamente, passa um personagem vestido de gorila. Poucas pessoas percebem essa mudança tópica porque foram induzidas a prestar a atenção nos alunos de camisas brancas.

Esse é apenas um dos exercícios de atenção organizados pelo pesquisador Daniel Simons[8] e que servem para despertar a consciência da necessidade de uma atenção difusa como forma de perceber as informações de uma pluralidade de origens.

3.3.3 Capacidade de Integração Informacional

Uma das grandes características utilitárias de um cenário prospectivo é seu poder de antecipar ameaças e oportunidades. Essa potencialidade

---

[8] Daniel Simons é do Departamento de Psicologia da Universidade de Illinois em Urbana/Champaign, e algumas de suas pesquisas deram origem às demonstrações sobre atenção, publicadas no CD *Surprising Studies of Visual Awareness*, da Viscog Productions. (www.viscog.com.) (A manutenção deste site é de responsabilidade da empresa mencionada.)

depende da competência do gestor em conseguir descobrir e projetar elos informacionais capazes de garantir a produção de uma estrutura conceitual no tempo que seja comprovadamente:

- consistente – a capacidade de responder a qualquer pergunta formulável dentro de seu campo de aplicabilidade;
- coerente – a capacidade do cenário de responder a questões da mesma maneira, seja qual for o processo utilizado para abordá-la; e
- completa – a capacidade de não deixar variáveis de fora, considerando um nível de abstração tomado como aceitável para a tomada de decisão do gestor.

Para isso, deve o gestor saber utilizar mecanismos de articulação das informações, descobrir hiatos informacionais a serem completados e identificar a maneira ótima de perceber o todo informacional que pode vir a ser projetado a partir dos fragmentos informacionais recebidos.

3.3.4 Poder de Conectividade em Geral

A capacidade de conectar informações deve se refletir na habilidade de, dada uma estrutura, ser capaz de integrar fatos, objetos, indivíduos, sistemas etc. Enfim, a constatação de que o fato isolado não existe exige que o gestor tenha suas formas de agir direcionadas para fazer com que a multiplicidade de coisas que é capaz de observar seja a base para que o produto final não se caracterize apenas como um somatório de elementos.

Sua capacidade de conectividade deve fazer com que a conexão desses elementos provoque a emergência de um todo mais rico no qual sua propriedade observada supere a mera soma das propriedades de cada elemento. Em outras palavras, uma estrutura mais rica precisa ser formada a partir da articulação das partes que a compõem. Por outro lado, é essa conectividade que lhe fornece a certeza de que existem lacunas, caminhos e relações não-percebidos e que lhes darão, como a Capablanca, a percepção de que apenas um caminho existe, e que, por mais incrível que possa parecer, é o certo.

3.3.5 Capacidade de Reestruturação

Muitas vezes, a informação relevante que abala as estruturas tomadas como verdadeiras até o momento de seu surgimento produz um processo de ruptura pela relação nova que introduz com alguns dos elementos que compunham a estrutura em vigor. Alternativamente, esse abalo ocorre por tornar falso aquilo que se supunha como verdade para um elemento considerado.

Pensemos um fato do dia-a-dia já vivenciado por todos. Um fator tecnológico que mude pode gerar novas formas de relações entre, por exemplo, o prestador de um serviço e seu cliente. Essa nova forma pode, portanto, fazer com que uma estrutura consolidada seja abalada em suas bases. A relação tende assim a ruir e novas relações podem aparecer. A capacidade do gestor, dado um cisalhamento estrutural, de reestruturar os novos elementos relevantes é que lhe permite antever cenários e identificar ameaças e oportunidades.

3.3.6 Senso de Balística

Peter Schwartz (2000) afirma que as pesquisas realizadas pelo Dr. Willian Calvin, autor de *The Cerebral Symphony*, explicam que a parte do cérebro que controla a fala é a mesma que controla o senso de balística. Em complementação, o Dr. Calvin sustenta que a habilidade de pensar para a frente está relacionada com a capacidade do homem de atingir um alvo a determinada distância.

Parece soar correta essa informação. Se somos capazes de avaliar o caminho que uma pedra deve seguir para atingir um alvo que nos interessa, parece razoável admitir que, dados um conjunto de partida e uma provável trajetória, consigamos pensar qual o alvo mais provável. Em resumo, o senso de balística desenvolvido deve ser um atributo fundamental para aquele que pretende projetar cenários e antecipar ações.

3.3.7 Criatividade

Quase como uma conseqüência natural de todos os itens anteriores, a criatividade, vista como a capacidade de reunir elementos informacionais de um modo nunca reunido antes, é a condição necessária para que um cenário seja imaginado. Como disse a professora Maria Inês Felippe (2007), para se criar, imaginar e projetar cenários, precisa-se muito dessa imaginação comprometida com a realidade vivida.

3.3.8 Poder de Síntese

Seguindo a idéia derivada da criatividade, a multiplicidade de informações gera o caldo fértil para se utilizar a criatividade e se projetar cenários. Todavia, a capacidade de identificar o modelo mínimo que dê funcionalidade à estrutura que emerge exige um forte poder de síntese.

Esse atributo associa-se em tese a todos os outros, porque o que precisa emergir da articulação das informações é algo que não só tenha um poder explicativo forte da realidade situacional analisada, mas que, por outro lado, tenha um poder adicional de explicação e de projeção da nova realidade, e que não seja a própria realidade. Essa colocação pode parecer incoerente, mas não é. Observe que, se a situação fosse representada por todos os seus elementos, em toda a sua complexidade e, portanto, sem nenhum grau de abstração, a representação seria feita por um infinito número de variáveis, o que, como alertamos, seria improcessável. O cenário produzido tem que ser suficientemente compacto para ser manipulável e suficientemente complexo para estar compatível com a totalidade observada, como ressaltamos, dentro de um nível de abstração considerado ótimo para a tomada de decisão.

3.3.9 Capacidade Crítica

Essa é a competência que atua em três momentos complementares. No início da atividade de exercer a visão indutiva totalizante para averiguar a correção, a viabilidade e a possibilidade da informação relevante que abala as estruturas vigentes; no momento de projetar o todo a partir de seu senso intuitivo e, portanto, avaliar o quão factível é o cenário projetado; e, finalmente, quando faz uma crítica analítica do todo, avaliando suas diversas estruturas componentes de modo a perceber elementos que confirmam ou rejeitam o modelo construído.

3.3.10 Capacidade de Expressão

Segundo Schwartz (2000), após um cenário construído, é importante construir um enredo que dê coerência àquilo que foi identificado. Nada mais importante que utilizar sua capacidade expressiva para "falar" sobre o que foi identificado. Interessante que o ato de falar mobiliza a mesma região da balística. Logo, esse é o momento de se buscar a coerência lingüística diante do alvo definido. Aí estão os atributos do personagem.

Antes de prosseguir, vamos avaliar as características do papel que ele vai desempenhar. Afinal de contas, estamos caracterizando um gestor totalizante. Para isso, vamos retomar um trabalho nosso e de Montenegro (1990), constante do livro *O Gerente do Futuro*. Naquele instante, percebemos que haveria um perfil gerencial se delineando no horizonte. Víamos que, além de três perfis historicamente emergentes, tudo indicava que haveria uma demanda para alguém que visse as coisas dentro de uma acepção difusa capaz de integrar equipes, tendo a informação como base. Considerando que tal livro está esgotado e sua reedição não será efetivada, reproduzimos aqui as características do que chamamos, há 17 anos, o perfil do gerente poliperceptivo, uma forma de expressar a forma de gerir de nosso gestor totalizante.

3.4 CARACTERÍSTICAS GERENCIAIS DO PERSONAGEM – UMA QUESTÃO DE EMERGÊNCIA

Como decorrência da influência revolucionária da tecnologia da informação, essa última necessariamente precisa ser levada em conta quando pensamos acerca do estilo gerencial do gestor totalizante.

Pesquisando diversos elementos considerados na história da gestão, deparamo-nos algumas vezes com os chamados estilos eficazes, que, de quando em quando, ganharam ênfase nas análises do desempenho empresarial.

Ainda que tal procedimento tenha sua validade, como se depreenderá do restante destas notas, o maior agravante não era a existência do estilo, mas o caráter descartável que ficava subjacente, já que os estilos tendiam a ser abandonados em troca de outro considerado mais relevante, e assim sucessivamente.

Tal descartabilidade pode ser considerada um arquétipo típico da Revolução Industrial, na medida em que, por faltar uma visão totalizante, se tendia a otimizar a parte, levando-a à sua esgotabilidade e ao descarte.

Sendo nossa percepção que elementos, na emergência do novo estilo, não precisam ser descartados, até para que a visão totalizante possa ser mantida, torna-se importante, em nosso modo de ver, retomar os chamados estilos eficazes como elementos componentes da base de formação do gestor totalizante.

A partir dessa visão, identificamos como Estilo Emergente o que denominamos, em nossos primeiros trabalhos, Gestor Poliperceptivo – aquele cujo estilo tendia a aflorar como função da informação, sem prejuízo para os demais componentes eficazes que precisam compor sua base de sustentação. Nesse instante, portanto, a informação caracteriza:

- o fator desequilibrador do *status quo*;
- o elemento integrador do novo *status* com os estilos eficazes.

Para fundamentar nossa proposta, vamos dar uma passagem geral sobre os três estilos que identificamos.

Nossa pesquisa permitiu-nos destacar três estilos gerenciais correlatos aos grandes momentos de reorganização dos arquétipos que sustentaram os diversos modelos de gestão das organizações. Como já ressaltamos, a história das gestões permite isolar momentos nos quais a ótica de ataque se ateve a uma parte do todo e a elegeu como única.

O início da Revolução Industrial, por exemplo, enfocou o processo como base da atuação, dando origem ao que chamamos de Gestão Processualística. O uso extremo desse perfil negligenciava uma preocupação maior com os recursos humanos.

Com a crítica ao caráter mecânico da relação chefe-subordinado-tarefa, surgiram hipóteses e experiências que conduziram a um melhor relacionamento com os indivíduos da organização, originando uma gestão com forte apego às relações interpessoais, cuja ação gerencial denominamos Gestão Paternalista.

As ações da Gestão Paternalista, ainda que de elevado valor para constituir um clima de cooperação, se levadas ao extremo, tendem a provocar a desorganização e a desviar o foco da tarefa, tornando difícil a coordenação de atividades.

Surgiu a percepção de que o problema não era apenas de tarefas ou de pessoas, exigindo que a gestão se orientasse não só para as partes, mas para uma articulação planejada entre elas, complementada por outras advindas do ambiente externo. O enfoque de planejamento, assim desenvolvido, tendia a valorizar a figura de um novo gestor, que percebia a concorrência de processos e de pessoas e de informações pertinentes

28 Capítulo Três

em busca de um resultado, surgindo assim uma gestão orientada para o planejamento – a gestão planejadora.

O enfoque de atuação, todavia, ainda permanecia parcial, já que, mesmo com as partes interagindo, o foco ainda se restringia ao resultado de ações sobre um sistema semi-aberto, permanecendo visível a falta efetiva no tratamento do todo – uma visão macrossistêmica que visasse ao objeto de análise em toda a sua plenitude interna e de relacionamento externo.

3.4.1 A Forma de Gestão Emergente

Nesse instante, a informação, que antes era um componente caracterizado como um elemento dado de eficiência processualística, relacional ou de planejamento, com os recursos da tecnologia da informação deixou de se restringir a espaços específicos e a personagens particulares, desvelando nas organizações a noção de um sistema aberto, no qual a informação não só precisa estar disponível em qualquer nível da organização como provém de qualquer ponto que envolva o ambiente empresarial – as sementes para uma futura construção de uma gestão totalizante foram lançadas. A esse estilo gerencial denominamos gestão poliperceptiva, pela condição de múltipla capacidade de perceber a informação relevante sem negligenciar a importância de ser eficaz ao lidar com processos, pessoas e sistemas de planejamento.

Fica, portanto, claro que o estilo emergente guarda uma relação estrutural com os demais, influenciando a articulação dos outros e condicionando-os de forma a impedir que suas ações não se efetivem desarticuladas entre si e nem que sejam tomadas de modo desconexo das influências e condicionamentos do ambiente em que a organização está inserida.

Para facilitar a percepção mais sólida dessas relações, vamos utilizar 10 categorias, dentro das quais compararemos os estilos tomados como eficazes e destacaremos as características de cada um para que o leitor possa refletir e comparar a diferença específica que emerge e, portanto, caracteriza o gestor totalizante e seu componente adicional – o estilo poliperceptivo. Antes de prosseguir, convém destacar uma vez mais que estamos caracterizando o estilo complementar, sem negligenciar os demais.

As categorias que utilizamos para realizar essa classificação são:

- enfoque – trata do objeto focalizado pela ação empresarial; para esse caso, os diversos tipos de gestão podem ser caracterizados, convém repisar, como elementos do perfil do gestor totalizante:
  - gestão processualística: como já destacado, restringe a atuação ao foco de processos;
  - gestão paternalista: focaliza as relações interpessoais;
  - gestão planejadora: orientada para os sistemas que interagem;
  - gestão poliperceptiva: é aquela que lida com a informação difusa, aquela que visa à extração de indícios do meio ambiente, para adequar processos, pessoas e sistemas às condições de ruptura ou de continuidade; seu enfoque prioritário são as idéias.
- ferramentas de interpretação – trata das tecnologias relacionadas aos conhecimentos administrativos e gerais que permitem otimizar suas relações com seus focos diversos de atuação.
  - gestão processualística: como precisa otimizar tarefas, restringe o ferramental a aspectos relacionados com tempos e movimentos;
  - gestão paternalista: ao focalizar pessoas e relações, utiliza-se da psicologia como ferramenta;
  - gestão planejadora: por ser caracterizadamente sistêmica, aborda ferramentais do tipo análise da caixa-preta;
  - gestão poliperceptiva: é aquela que instrumentaliza o gestor para identificar, por meio de uma multiplicidade de abordagens, a informação relevante; sua ferramenta típica é a estratégia analítica.
- âmbito de atuação
  - gestão processualística, por procurar dominar a tarefa ao extremo, tende a se isolar das relações com o meio ambiente, para otimizar métodos e processos;
  - gestão paternalista, por sua vez, por enfatizar as relações interpessoais, relaciona-se de modo fechado com seu grupo, mantendo um certo isolamento quanto ao ambiente externo;
  - gestão planejadora, atua em conjunto com seu grupo atento às relações específicas com o meio ambiente, de modo a planejar possíveis ações de mudança. Caracteriza-se assim um modelo semi-aberto;

30   Capítulo Três

– gestão poliperceptiva, como opera com um contato diversificado com o meio ambiente, caracteriza um modelo de gestão aberto.

Antes de prosseguir, e para não tornar repetitivo o processo de argumentação, vamos fazer uma digressão rápida sobre cada tipo de gestão para, posteriormente, sem muitas delongas, caracterizar as sete categorias que faltam, a saber: papel da chefia, papel do empregado, ênfase de atuação, instrumento de condução gerencial, ferramenta básica, modelo de sucesso e tipo de grupo

Seu trabalho, para ser considerado bem-sucedido, depende do grau de desempenho de determinado perfil esperado.

A partir desse ponto, o conjunto formado pela chefia e pelos empregados caracteriza tipicamente um grupo. Dessas relações surgem categorias importantes para se avaliarem os diversos perfis de gestão.

A partir do uso extensivo das categorias supracitadas, torna-se possível uma apreciação mais detalhada de cada estilo de gestão em estudo. Vamos caracterizar cada perfil.

Gestão Processualística

Considerando que seu enfoque é orientado para tarefa, sua base conceitual é tempos e movimentos, e seu âmbito de atuação pode ser entendido como isolado; temos um típico caso de *comando de guerra.*

Como tal, a eficiência máxima só pode ser conseguida por meio da unidade mecanizada do grupo, já que as informações do meio ambiente foram discutidas e analisadas num plano decisório anterior, que não engloba o grupo comandado. Aqui, a chave é o cumprimento da missão.

O papel da chefia é de um *comandante*; para tal, o comandado caracteriza-se como uma peça, ainda que fundamental da máquina de guerra montada. Não lhe é possível questionar a missão, sob o risco de torná-la inviável pela inadequação do momento de sua efetiva atuação – tempos e movimentos, eis o segredo. Sua ênfase de atuação é a disciplina, devendo cada peça cumprir sua parte no local e momento esperados, sendo substituída em caso de falha ou de perda. Não há outra composição possível.

O comandante do grupo cumpre as regras, e a disciplina do todo se baseia em um conjunto de comportamentos bem-definidos. O instrumento referencial é o regulamento.

O uso da autoridade nesse enfoque utiliza como forma de condução do grupo típica a ordem expressa: cumpra-se.

O modelo de sucesso dessa forma de gestão reside na própria capacidade de comando e na maneira de mobilizar as peças no tabuleiro quando busca o objetivo estabelecido. O tipo do grupo caracteriza-se necessariamente com uma tropa.

Gestão Paternalista

Como o próprio nome sugere, com essa forma de gestão, o gerente olha para seus subordinados como um grupo familiar cujas faltas podem ser relevadas em favor da unidade do grupo. Por sua vez, o grupo, apesar de aparentemente liberado em seus movimentos, tem nesse personagem aquele que representa a visão do todo – o pai.

Analogamente ao papel do pai, há uma tendência a olhar o empregado como filho. De modo compatível com esses elementos constitutivos, a ênfase de atuação dessa forma de gestão recai na mobilização emocional do grupo, em que o gestor atua neutralizando divergências. Sua forma de condução do grupo tende a se concentrar em recompensas habilmente distribuídas.

O instrumento gerencial característico revela-se como aquele que melhor auxilia o gestor a administrar conflitos, já que ele precisa manter a coesão do grupo. Usa a psicologia como base conceitual para a tomada de decisão, fazendo da avaliação de comportamentos e atitudes seu segredo. Em conseqüência, o modelo de sucesso do gestor que aplica essa forma de gestão com eficácia baseia-se na justiça.

O rótulo que se pode dar ao grupo assim conduzido parece natural que seja a família, que é o grupo considerado fundamental para enfrentar qualquer reação do meio, por ser capaz de se manter fechado para neutralizar ameaças e aproveitar oportunidades.

Gestão Planejadora

Os dois estilos de gestão até agora apresentados tendem a manter relações limitadas com o meio, ou isolando-se ou mantendo-se como um grupo fechado que apenas interage com o meio por mera impossibilidade de ignorá-lo, como no primeiro caso, ou vendo-o como parte de um mecanismo de ação e reação por possíveis ameaças. No caso da gestão planejado-

32   Capítulo Três

ra, a interação com o meio ambiente precisa ser permanente, tendo em vista a complexidade do ato de planejar para que objetivos sejam atingidos. Enquanto nos casos anteriores há um certo formalismo da figura do chefe, que dentro de uma hierarquia vertical tende a saber mais que os subordinados, e do pai, que representa a lei, nesse momento emerge a figura do líder capaz de coordenar diversos núcleos de conhecimento que sistemicamente precisam interagir para alcançar resultados.

A base conceitual desse tipo de gestão é a teoria dos sistemas gerais, inapropriadamente traduzida por Teoria Geral dos Sistemas;[9] sua ênfase de atuação é a divisão de responsabilidades.

Dessa forma, os personagens são identificados, responsabilizados e cobrados por seus desempenhos e metas, cabendo ao líder da equipe integrar as diversas fases do todo planejado. Seu instrumento de condução do grupo é a diretriz, seu instrumento referencial é o conhecido plano de trabalho, que é organizado de modo coletivo com chefia e empregados e que serve como base para identificar e responsabilizar desvios físicos e orçamentários.

O modelo de sucesso é obviamente o planejamento, já que integrar as partes de modo correto e articulado dinamiza e otimiza os resultados do grupo.

O grupo que opera sob esse regime gestor pode ser denominado equipe, que tem seu nicho de liberdade, desde que no sentido de atingir o objetivo previsto no plano de trabalho.

▪ Gestão Poliperceptiva

Essa componente da gestão do gestor totalizante não se define somente pelas propriedades emergentes típicas de seu espaço. Representa o que emerge pela articulação dos outros estilos de gestão com um tratamento estratégico da informação.

Além de incorporar a figura do comandante e os demais atributos típicos característicos da gestão processualística diante de situações análogas a ações de guerra, acolherá a figura do pai e os demais atributos da gestão paternalista quando o grupo precisar se unir em face de uma

---

[9] Na década de 1970, Ludwig von Bertalanffy lançou as bases da chamada General Systems Theory, que em português ficou conhecida como Teoria Geral dos Sistemas, que, como se observa, é uma falha de tradução.

situação na qual a unidade política seja fundamental. Acrescente-se que, diante de projetos complexos, sua característica planejadora levará o grupo a reconhecer o gestor como um líder que buscará a integração, utilizando sua habilidade sistêmica para fazer com que as partes do sistema total interajam.

Tais afirmações derivam da premissa inicial da não-descartabilidade dos estilos situacionalmente eficazes, inegáveis quando nos referimos a tarefas, pessoas e sistemas, respectivamente. Entretanto, da articulação dos três estilos com o trato da informação complexa emerge um estilo gerencial que será eficaz quando necessariamente o gestor se defronta com um ambiente de alta complexidade que mostra como necessárias mudanças significativas. Nesse momento, do novo modelo de gestão se estarão exigindo *idéias, estratégias complexas de análise* e a consciência de que está em pauta um sistema aberto. Pode-se afirmar que está em jogo a própria definição do objeto de atuação. Consideremos cuidadosamente as categorias envolvidas e a componente poliperceptiva da gestão ora introduzida.

Papel de chefia – é aquele conseguido pela articulação entre ser comandante, pai e líder adicionada à capacidade de interpretar articuladamente a informação complexa. Configura-se a figura do mentor como o componente que faltava para que o conjunto de gestões possa caracterizar as bases de um gestor totalizante.

Desse modo, a gestão poliperceptiva não deixa dúvidas quanto ao espírito de comando, à capacidade integradora de pessoas e ao senso de organização. Todavia, além dessas potencialidades, a gestão se caracteriza como a capacidade complementar de articular a informação que flui de todos os elementos do grupo e do meio ambiente, emprestando-lhe uma estrutura que define uma filosofia de atuação.

Papel atribuido ao empregado – dado o contexto de sua especificidade, o empregado que é visto situacionalmente como peça de uma engrenagem, filho e processador, passa a ser um agente avançado de captação da informação, à luz de uma filosofia orientadora.

A figura do agente se justifica pela incorporação de uma constatação: como parte de um sistema aberto, não existe uma direção privilegiada por onde possa fluir a informação; o sistema aberto exige uma visão totalizante, bastante articulada com decisões de agilidade e acerto.

Ênfase de atuação – aliada a aspectos das outras forma de gestão: disciplina, mobilização e divisão de responsabilidades, surge a ênfase na articulação; vale dizer, a capacidade de reunir recursos, personagens e informação de modo estruturado, fazendo com que possa emergir uma idéia inovadora que permita a antecipação do grupo com relação à sua própria existência e funcionalidade. Para esse caso, a palavra-chave da atuação da forma de gestão poliperceptiva é articulação.

Formas de condução do grupo – aspectos que designam o modo de provocar a atuação dos elementos do grupo, como ordem, recompensa e diretriz, encontram na fundamentação o elemento conceitual ideal que dá sentido aos demais instrumentos.

Instrumentos referenciais – são as bases a partir das quais o gerente baliza sua atuação. Regulamento, administração de conflitos e plano de trabalho associam-se nesse momento à filosofia como estrutura articulada que vai condicionar o permitido/não-permitido para a atuação descentralizada dos agentes.

Modelo de sucesso – desempenhando suas múltiplas funções situacionais – comando, justiça e planejamento –, o gestor totalizante, além de pautar sua ação baseado em uma filosofia, precisa deixar que ela seja clara e reconhecida por todos, sendo assim tanto mais bem-sucedido quanto maior for sua ética no desenvolvimento e na operacionalização dessa filosofia.

Tipologia do grupo – o conjunto de pessoas que se comportará como tropa, família e equipe, em momentos situacionalmente claros, passa a se caracterizar como grupo propriamente dito ou comunidade, de modo a que aquele grupo, respeitando individualidades, procure construir, permanentemente, uma unidade social em sua concepção mais ampla, política, econômica e cultural, a partir da qual todos ganhem coletivamente. O quadro a seguir resume o perfil gerencial de um Gestor Totalizante como resultado das quatro componentes gestoras colocadas: Gestão Processualística, Paternalista, Planejadora e Poliperceptiva.

3.5 IDENTIFICANDO INSTRUMENTOS BÁSICOS PARA PENSAR

A partir de agora, vamos excursionar por um conjunto de pequenos modelos identificados no dia-a-dia e em nossas pesquisas que servem como

QUADRO 3.1 Quadro Geral do Perfil Gerencial do Gestor Totalizante

Parâmetros	Ênfase	Tipo	Papel da Chefia	Base Conceitual	Forma de Condução	Instrumento Referencial	Modelo de Sucesso	Visão do Empregado	Relação com o Ambiente	Enfoque
Gestão processualística	Disciplina	Tropa	Comandante	Tempos & movimentos	Ordem	Regulamento	Comando	Peça	Isolado	Tarefa
Gestão paternalista	Mobilização	Família	Pai	Psicologia	Recompensa	Administração de conflitos	Justiça	Filho	Fechado	Pessoas
Gestão planejadora		Equipe	Líder	Teoria dos Sistemas Gerais	Diretriz	Plano de trabalho	Planejamento	Processador	Semi-aberto	Resultados
Gestão poliperceptiva		Grupo	Mentor	Estratégia analítica	Fundamentação	Filosofia	Ética	Agente	Aberto	Idéias

estruturas elementares para a construção de uma visão abrangente da realidade. Certamente alguns desses modelos você já usa e utiliza.

A importância dessas estruturas é que elas permitem que o inconsciente, rapidamente, possa perceber uma tendência ou perspectiva dada às articulações que elas apresentam como invariantes e, portanto, tendentes a se repetir dentro da linha de raciocínio das pessoas. Na prática, o conjunto que será apresentado é um conjunto aberto, podendo receber novos modelos, à medida que você, com sua experiência e conhecimento, os identificar.

3.5.1 Emergência – Todo e Partes

Emergência é uma propriedade observada como resultado da reunião de diversos fatores e que se caracteriza como diferente das propriedades dos fatores que a compõem. Deriva da célebre afirmação de que o todo é maior que a soma das partes.

Essa pequena estrutura de perceber a realidade serve para a compreensão de comportamentos grupais, alertando o gestor sobre os perigos de se pensar que o resultado procurado de uma ação pode ser obtido pela mera otimização das partes.

Atitudes como deslocar um grupo social de posição admitindo que o comportamento observado é fruto do ambiente, apesar de parecerem certas em uma primeira abordagem, pecam por ignorarem que a propriedade observada no ambiente emergiu de uma história e de relações interpessoais que contaminaram o ambiente e que fizeram com que a propriedade observada emergisse.

Atitudes como transportar uma comunidade de um lugar para outro como forma de reduzir a criminalidade e a violência podem gerar situações de maior violência e criminalidade, já que o local não era a causa, mas tendia a ser uma conseqüência da relação entre os indivíduos que lá habitavam e que incorporaram novas propriedades a seus comportamentos.

3.5.2 Instrumentos Representativos

Lembrando que estamos tratando de representação de estruturas, um dos pontos principais que é sempre explicitado pelos estudiosos é que a natureza adora simetrias. Por conseqüência, raramente uma estrutura assimétrica tende a representar um fato, por mais complexo que ele seja.

Essa percepção indica que o analista deve supor que, se o modelo pelo qual ele representa a realidade mostra claramente uma assimetria, isso significa que podem faltar elementos ou alguns são redundantes.

É evidente que não estamos falando de simetria em todos os planos. Se fosse o caso, a única forma de se representar um fenômeno qualquer seria a esfera.

Diante disso, seguem como ilustração três estruturas básicas. Ressalte-se que estruturas de síntese mais complexas tendem a ser compostas por essas três subestruturas elementares.

3.5.2.1 O modelo dual: as faces da moeda

A moeda constitutivamente possui duas faces. Ou seja, não existe cara sem coroa. Essa estrutura elementar serve para representar dicotomias do tipo certo/errado; bem/mal, pró/contra etc.

Existem três preocupações para as quais o analista deve estar atento quando o fenômeno analisado tender a ser sintetizado por essa estrutura.

Trata-se de um tipo de estrutura que se caracteriza como estática e, portanto, é incapaz de representar com correção fenômenos com dinamismo.

Por representar claramente oposições, o indivíduo tende a emprestar um dinamismo falacioso a essa estrutura, considerando razoável explicar um fenômeno pela diminuição de um aspecto e pelo aumento conseqüente do outro, o que é falso.

As discussões sobre estatização ou privatização, abertura ou fechamento, democracia social ou liberalismo são ocasionadas por esse perigoso instrumento de síntese. Na realidade, resultam de uma visão linear extremamente redutora. Convidamos o leitor a refletir.

A estrutura dicotômica possui uma instabilidade intrínseca. Como representa elementos que se confrontam, se o equilíbrio for rompido, um elemento suplantará o outro de modo irreversível. Reflita sobre o caso ilustrativo de uma caixa cheia de água que se comunica com uma piscina. Aberta a torneira, a água flui de um lado para o outro e não há como, nesse sistema dicotômico, fazer a água retornar para o reservatório.

38 Capítulo Três

Além de ser errado, pode causar confusão achar que há uma relação de causa e efeito entre os dois elementos de uma estrutura dicotômica. É claro que não é a cara que provoca a existência da coroa; cara e coroa são elementos de uma mesma estrutura.

Em resumo, essa estrutura, apesar de ser um modelo aceito e freqüentemente utilizado, é parcial, tende a ser estática e instável e, portanto, não pode representar dinamismo de forma alguma, sob pena de gerar custos sociais irrecuperáveis.

3.5.2.2 O modelo trino: os vértices de um triângulo

O exemplo da caixa com água serve para ilustrar a necessidade de um terceiro elemento. A introdução de uma bomba de retorno faria com que a água retornasse ao reservatório, e o sistema, dentro de um certo limite, ficaria dinamicamente estabilizado.

O triângulo dialético representa algo dessa natureza. Três elementos interagem de modo a retirar o caráter estático da estrutura dicotômica e dotá-la do dinamismo que falta. Trata-se da estrutura de maior estabilidade representativa e um dos arquétipos de maior visibilidade nas manifestações humanas.

Ilustram essa característica a alma do mundo, segundo Platão, no *Timeu* – o mesmo, o outro e a terceira substância; a trindade cristã – o Pai; o Filho e o Espírito Santo; a visão social dos poderes da Escola Superior de Guerra – o político, o econômico e o psicossocial; o lema da Revolução Francesa – liberdade, igualdade e fraternidade; e os poderes políticos – Legislativo, Executivo e Judiciário; além de estruturas altamente complexas, como os diversos triângulos componentes da cabala judaica, e ainda, no espaço teórico da lingüística, o significante, o significado e o referente.

Essa estrutura tende a representar objetivamente os relacionamentos dinâmicos entre elementos que se confrontam, mas que não se opõem, e que tendem, por meio de um terceiro, a evoluir dinamicamente: a tese, que se confronta com a antítese gerando a síntese, que pode ser considerada uma nova tese, que se confronta com sua antítese, e assim o ciclo dinâmico se instaura.

Essa ferramenta de síntese é a mais versátil possível e revela-se excelente para representar relações interativas dinâmicas. Nossa sugestão: em dúvida, utilize-a – seu poder de representação é incalculável.

3.5.2.3 O modelo dos quadrantes: o espaço estratégico

Um outro esquema de síntese altamente eficaz, que já utilizamos anteriormente para identificar as razões humanas, reside em dividir o espaço de análise por meio de dois eixos ortogonais, caracterizando assim quatro quadrantes.

Exemplos dessa estrutura, muito utilizada para mapear perfis, são: a janela de Johari – o que eu e os outros sabemos e não sabemos sobre a minha pessoa; o nosso próprio mapeamento das estratégias de análise – identidade/diferença × subjetivo/objetivo; e os elementos constitutivos de uma organização. Centrada na analogia com as estratégias filosóficas, essa estrutura apresentada identifica quatro quadrantes: intenção, oportunidade, sistemas e inconsciente da coletividade.

Seu principal uso é mapear situações complexas em que se pretenda realizar opções estratégicas. Ou seja, estabelecido um plano de referência, identificam-se os dois eixos que podem ser ortogonalmente traçados e o espaço classificatório estará mostrado, bastando então preenchê-lo.

Como se observa, é uma estrutura forte, de grande utilidade para caracterizar posições para a tomada de decisão estratégica diante de alternativas. Como pode ser subdividida em quatro triângulos, pela combinação dos quatro elementos típicos do quadrante três a três, é capaz de gerar dinamismos parciais sempre que for necessário reduzir o enfoque estratégico maior.

Exemplifiquemos com os quatro elementos empresariais:

- um negócio começa com uma intenção e com a identificação de uma oportunidade, a partir das quais o empresário gera um sistema (a estrutura organizacional): a cultura ainda não se formou – a dinâmica da gênese;
- com o passar do tempo, valores, hábitos e atitudes geram uma cultura capaz de suportar um sistema eficiente e que se revela capaz de novas oportunidades, sem precisar de nenhuma injeção de intencionalidade externa – a dinâmica do crescimento;
- quando a pouca percepção dos avanços tecnológicos faz com que uma cultura de sucesso, com intenções bem-definidas, identifique oportunidades, mas o sistema (estrutura organizacional) não responde – a dinâmica da obsolescência;

40 Capítulo Três

- quando a cultura sustenta o sistema, mas a intenção se resume à manutenção do *status quo*, ignorando a oportunidade – a dinâmica da sobrevivência.

Como se observa, a partir do quadrante estratégico da organização, quatro dinamismos podem ser identificados.

Deixamos um tema para reflexão do leitor: uma empresa envelhece quando perde o dinamismo. Como sabemos, o triângulo deve, ao perder o dinamismo, dar lugar a estruturas dicotômicas de confronto. Mas a estrutura estática mais característica é o sistema imobilizado, sustentado de forma inconsciente, sem senso de oportunidade e desprovido de qualquer forma de intencionalidade – essa empresa pode sobreviver?

Como se observa, apresentamos três esquemas para auxiliar o leitor na representação de esquemas interpretativos da realidade complexa que, por seu caráter universal, se revelam atalhos de alto poder expressivo.

3.5.3 Atalhos para Lidar com a Complexidade

Waddington (1979) muito nos inspirou pela importância que dá à necessidade da construção de ferramentas para o pensamento. Entendemos que a construção dessas ferramentas são atalhos de conhecimento que nos permitem, como falamos, otimizar relações que nos levem a projetar um grau de abstração adequado para podermos ter uma visão mais totalizante[10] dos fatos.

Utilizando-se da forma similar de raciocínio proposta por Waddington, sugerimos a visualização de uma situação qualquer. Imaginemos, por abstração, que ocorra um fato isolado. O andamento das atividades relacionadas com a análise do fato demonstra que a ocorrência do fato afetou determinado setor da empresa. O problema, aparentemente pontual, exige uma correção tópica.

Todavia, esse ponto do sistema produtivo, e, portanto com seus insumos e produtos, ao perder um insumo, teve que diminuir sua produção. Por uma mera relação de causa e efeito, por razões indiretas, diminuiu-se o insumo para quatro outros setores. Esses, por sua vez e pelas mes-

---

[10] A expressão "mais totalizante" é válida pelo conceito exposto anteriormente de que a visão totalizante efetiva pressupõe um menor número de variáveis e de relações, portanto está sujeita a evoluções qualitativas e quantitativas.

mas razões, diminuem sua produção e deixam de fornecer insumos para, digamos, seus seis principais clientes. Se, por acaso, um desses setores é provedor do setor original, a cadeia se fecha, e o fato simples e singelo gerado por ele acaba afetando-o por tabela num mar de complexidade.

Ora, observem que, além de um afetar quatro que afetou seis, gerou-se um efeito em cascata para 24 clientes, dos quais pelo menos um realimentou o primeiro e retirou-o do completo isolamento. Observe que a complexidade foi função da conectividade, o número de conexões saiu de zero, fato isolado, para 24, e realimentou a própria rede, e assim prosseguirá enquanto determinadas medidas de neutralização de seus efeitos em cascata não forem tomadas.

O fato digno de nota é que, por mais incrível que pareça, a complexidade que se forma não é aleatória. Existem padrões de geração da complexidade. Assim como as células que se reproduzem por repartição gerando duas e assim sucessivamente, existem complexidades que se formam de modo análogo e que tendem a gerar simetrias. Waddington (1979) afirma que *"um dos primeiros passos que tomamos para se analisar uma forma é procurar simetria nela"* (p. 37).[11]

Aí está um atalho importante para se perceber uma totalidade e identificar se existem padrões de complexidade. Claro que quanto mais padrões, tijolinhos e estruturas o indivíduo dominar, mais instantânea será sua reação a um quadro de relações que conseguirá representar em seu cérebro, dado o nível de abstração realizado.

Um outro analista da complexidade, Watts (2003), falando da chamada idade da conectividade, lança um importante fator de redução da complexidade, que ele chama de "grupamentos (*clusters*) de relacionamento". Entende Watts que, no ramo das relações sociais, dois indivíduos que compartilhem amigos comuns tendem a ser amigos entre si. Ainda que seja uma constatação empírica, esse também é um fator importante de redução da complexidade quando estão em jogo análises de fatos que envolvem círculo de amigos e tomadas de decisão coletiva. A idéia de grupamento (*cluster*) é um conceito transportável capaz de gerar mecanismos de compreensão da complexidade.

Assim como simetria e *clusters* são atalhos que lidam com a identificação de uma complexidade, pela capacidade de explicarem o mecanis-

---

[11] Waddington prossegue, das páginas 37 a 61, identificando diversas maneiras de decifrar as formas que surgem na natureza nos construtos do homem.

mo de geração dessas complexidades, outros elementos da complexidade precisam ser dominados pelo gestor para trafegar com naturalidade pelos caminhos dos ambientes complexos. Eis alguns atalhos cognitivos de grande valia.

3.5.3.1 Crescimento – o ciclo de vida

Como invariante de todos os organismos vivos, esses nascem, crescem e morrem. O importante desse fato é que há um ciclo claro de vida que precisa ser dominado por todos os indivíduos e que, apesar de óbvio, quando descrito por alguém, não tende a ser aplicado pelas pessoas, em particular pelos gestores, quando em ação em uma organização.

A estrutura que suporta o modelo de desenvolvimento relacional ser vivo-ambiente há muito foi transportada para desenvolvimento equivalente empresa-ambiente. Todavia, os conhecimentos que acumulamos sobre o assunto nos mostram que toda a forte analogia transportada tem se restringido à parte inicial do ciclo completo nascimento-crescimento e estabilização, deixando de fora, talvez até psicologicamente, o final da relação ser vivo-meio ambiente, que é o seu declínio, sua desestruturação interna – sua morte.

O que esse modelo tem de importante é que o ciclo de vida é um modelo transportável para qualquer situação em que algo surja, tenha um momento natural de incerteza, cresça se conseguir superar os obstáculos e regrida, seja uma empresa, um projeto ou uma atividade.

Esse modelo é um dos básicos que ajuda o gestor a transportar analogias para outras situações e que lhe permite detectar precocemente os

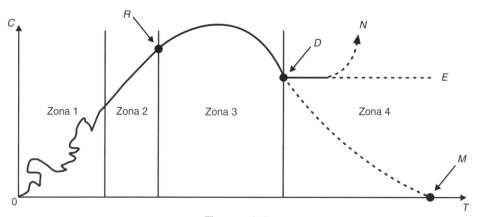

FIGURA 3.3

estágios em que a situação se encontra e construir soluções ou alternativas para a sobrevivência de uma idéia, intenção e às vezes um sistema.

A título de fixação de referencial, gostaríamos de frisar que o modelo de crescimento de um organismo vivo, quando aplicado a um sistema empresarial, pode ser visualizado na Figura 3.3.

Na figura, o eixo vertical representa o crescimento e o eixo horizontal caracteriza o fator tempo. Como se observa, o que há de comum em qualquer ser vivo pode ser descrito por:

- um momento de incerteza, caracterizado na zona 1 da curva;
- uma zona de crescimento acelerado, zona 2;
- uma reação do meio e reacomodação do ser aos nutrientes do meio, na zona 3; e
- uma zona 4, que pode ser caracterizada como o ponto de ajuste final entre o ser e o meio, no qual surgem algumas alternativas, a saber:
  - uma nova oportunidade, quando vai enfrentar uma nova incerteza, caracterizada pelo sentido definido por N;
  - uma estabilidade acomodada, caracterizada pela linha que vai para E; e
  - uma tendência à morte, quando decresce até M.

Para auxiliar o leitor na percepção da potencialidade de transposição desse modelo, vamos explorar melhor seu poder de explicação no ambiente empresarial. Para fazermos isso de modo sistemático e organizado, vamos definir cinco referências para caracterizar objetivamente cada região apresentada e como as organizações se portam nesses instantes. Os cinco parâmetros podem ser assim caracterizados:

Objetivo – Tomado como a intenção coletiva que orienta as ações da empresa: ser a líder no mercado de comestíveis, ser a melhor empresa de comunicações móveis etc.

Estruturas – Conjunto de elementos em permanente interação que condicionam o conjunto de processos da empresa; por exemplo: estrutura de pessoal, estrutura financeira, estrutura organizacional etc.

Processos – Rotinas de trabalho que determinam os diversos passos a serem seguidos e os próprios elementos em jogo na realização de uma ação específica; por exemplo: processo de aquisição de material, processo de contratação de pessoal, processo de treinamento, processo produtivo etc.

Dinamismo – Movimento perceptível dos recursos humanos da empresa, em termos de quantidade e direção de seus movimentos em um instante considerado; por exemplo: alta movimentação, aleatórios, baixo etc.

Modelo gerencial típico – estrutura de relacionamento entre níveis hierárquicos tendo em vista poder de decisão, conhecimento e responsabilidade; por exemplo: estrutura vertical, estrutura departamentalizada, estrutura descentralizada etc.

Definidos os parâmetros de referência que serão analisados, passemos agora a analisar cada região apresentada.

▪ Zona da Incerteza

Partindo-se do ponto 0 da Figura 3.3, ingressamos na Zona 1, o momento da incerteza. Similarmente a uma planta que procura se desenvolver em um ambiente desconhecido, aqui também um sistema empresarial vive a instabilidade do momento típico do recém-nascido.

Para aplicarmos a analogia, não poderíamos nos esquecer dos elementos mínimos em jogo numa gênese empresarial: um grupo de elementos com uma intenção e que detecta uma oportunidade e define um sistema – o sistema produtivo.

Alguns indivíduos adicionais passam a compor o sistema, numa posição fora da cadeia decisória, já que são apenas mão-de-obra de um processo externamente determinado.

Nesse instante, há claramente uma estrutura vertical: quem sabe, quem decide e quem é o responsável final.

Por outro lado, as tarefas se realizam num fluxo natural. Os controles administrativos não são rigorosos e os recursos internos são os mínimos indispensáveis. Pode-se dizer que há, como num recém-nascido, um conjunto de processos naturais, prevalecendo as hipóteses locais, faz-se o que é necessário, ainda que a decisão seja sempre do mais alto nível.

Como as estruturas estão em formação, o mesmo ocorre com os processos. Tudo se faz na esperança de que vai dar certo – uma hipótese, não uma realidade definida. O conjunto de ações tomadas, dada a imprevisibilidade da resposta do meio, pode levar a empresa ao sucesso ou ao insucesso. Em conseqüência, esse momento da organização pode ser caracterizado como no Quadro 3.2.

QUADRO 3.2

Parâmetros	Características
Objetivo	Imposto
Estrutura funcional	Em formação
Processos	Naturais
Dinamismo	Alto em orientação
Modelo gerencial típico	Vertical

É importante caracterizar que esse é um momento paradoxal: se por um lado paira no ar uma incerteza sobre o futuro, a expectativa de sucesso é enorme.

Esse modelo aplica-se para os casos de novos horizontes estratégicos, em que uma nova oportunidade tem uma analogia muito forte com o modelo de um negócio embrionário. Guarde essa informação para utilizá-la quando chegarmos à quarta zona.

Zona do Crescimento Acelerado

Essa é região que caracteriza o estágio de crescimento de qualquer elemento que está procurando se desenvolver em um meio qualquer; lembramos que esse modelo é aplicado, ou melhor, transportável, a qualquer situação, idéia, fato, projeto ou organismo.

O que a região procura caracterizar é o fato decorrente da superação de um momento de incerteza por uma situação de sucesso em que a relação do elemento considerado com o meio que o pode condicionar está favorável ao elemento. Pode-se dizer que nesse instante o organismo obtém os nutrientes necessários do meio, e, com isso, os movimentos erráticos típicos do momento de incerteza passam a dar lugar a movimentos orientados para o sucesso.

No caso empresarial, aquilo que antes era uma aposta nas intenções e no senso de oportunidade dos dirigentes maiores passa a ser introjetado por todos os níveis da organização.

O processo natural de ocupação dos nichos mercadológicos faz com que os conhecimentos deixem de ser prerrogativa única das hierarquias

46 Capítulo Três

superiores e passe a ser distribuído. Fica então sob questionamento a própria estrutura vertical da situação anterior.

Nesse instante, passam a existir três grupos decisórios claros: a direção maior, os gestores especializados e os grupos especializados.

- Ao primeiro competem as decisões estratégicas e a integração dos segmentos especializados de conhecimento: produção, vendas, recursos humanos, pesquisa etc.
- O segundo nível refere-se a cada segmento de conhecimento especializado que decide estratégias menores e táticas de atuação em seu segmento, e cujas relações de prestígio com o grupo decisor maior são obtidas a partir do resultado de sucesso de suas ações em confronto com os demais pares.
- O terceiro nível refere-se aos grupos operacionais propriamente ditos, verdadeiros comandos em ação que tomam decisões junto aos clientes, corpo de empregados e fornecedores, com altíssima especialização e domínio técnico de suas atividades, reportando-se ao seu chefe especializado, já que tende a ser tecnicamente respeitado pela história e pelos conhecimentos.

Esses três grupos decisórios compõem-se de maneira bastante original, já que há uma alta competitividade entre segmentos de conhecimento que não abala a unidade existencial do grupo.

Essa unidade é convenientemente administrada pelo mais alto nível hierárquico decisório, pelo respeito cerimonial e pela capacidade de comando demonstrada no estágio interior de implantação, ou seja, no momento da grande incerteza.

Adicionalmente, a unidade também é garantida pelos aspectos funcionais porque o grupo se orienta para o resultado e contra qualquer inimigo comum. Surge um modelo parecido com o da corte do rei Artur – a Távola Redonda.

O dinamismo, em conseqüência, aumenta, e a divisão de responsabilidade é mais do que natural, é cobrada.

A divisão de responsabilidades começa a cobrar seus preços, como a fixação de estruturas, ainda que flexíveis, dada a necessidade de descentralização do poder decisório, e alguns processos, antes naturais, como tirar cópia, que representa apenas levar o papel à máquina e tirar a cópia, agora tendem a ter um responsável, que não só tira as cópias como

Identificando o Perfil do Gestor Totalizante **47**

passa a responder pela quantidade e adequação do uso da máquina copiadora.

Essas rotinas associadas à divisão são transportadas para todos os ambientes, com maior ou menor intensidade, mas o resultado continua sendo o vetor orientador dos trabalhos.

O Quadro 3.3 mostra as características dos parâmetros típicos da organização nesse estágio de crescimento:

QUADRO 3.3

Parâmetros	Características
Objetivo	Internalizado
Estrutura funcional	Flexível
Processos	Em definiçao
Dinamismo	Alto e auto-orientado
Modelo gerencial típico	Távola redonda

Resumindo o que foi dito até aqui: como qualquer idéia, qualquer movimento visando implantar uma forma nova de enfrentar a realidade, ou qualquer sistema organizado, analogamente ao crescimento natural de um ser vivo, em uma primeira etapa, o crescimento se dá em um nível de liberdade inicial que não interfere em proporções significativas sobre o meio em que está inserido.

A fase de crescimento acelerado, a fase seguinte, cada vez mais ocupa espaços, sejam eles concretos ou simbólicos, que passam a significar perda dos espaços equivalentes para os outros seres que compartilham o mesmo ambiente, gerando um efeito que pode ser caracterizado como a reação do meio.

Em um ambiente em que a relação é natural, trata-se de uma mera possibilidade de ajustamento ao possível, e os organismos mais fortes, darwinianamente, tendem a prevalecer.

Nos ambientes em que a intencionalidade dos sujeitos influi, como no mercado ou nos espaços simbólicos das intenções, da política etc., a reação do meio é intencional e, na verdade, trata-se de uma reação que do ponto de vista estrutural se entende como do meio mas que, na prática, caracteriza-se como o resultado das reações dos competidores pelo meio que está sendo ocupado pela organização emergente.

Esse é um momento de profundas modificações, as quais, por superioridade do novo organismo, ou os demais se curvam diante de seu crescimento acelerado, aguardando o momento propício para novas reações, como nos ambientes naturalmente monopolistas, ou surge uma reação tão forte e imediata que a relação entre o organismo emergente e o meio se vê obrigada a se reformular.

A próxima zona caracteriza-se, portanto, como esse momento de reacomodação traumática.

■ Zona da Reação do Meio

Nesse instante, a reação do meio, pelo efeito natural da inércia, é baixa, e apenas reduz a taxa de crescimento, mas ainda não consegue fazer com que o sentido positivo, a derivada positiva da curva de crescimento, mude de sinal. Observe que, a partir do ponto R da Figura 3.3, a taxa começa cair, e, dependendo do grau de reação, tende a ser zero, e logo após torna-se negativa.

Ainda que o primeiro momento seja apenas uma redução da taxa de crescimento, os reflexos na organização começam a ser significativos. A primeira reação das lideranças é reduzir custos, tentando obter rendimentos maiores pela redução dos custos dos insumos. Esse instante tende a ser o caldo propício para a proliferação das chamadas reengenharias. O efeito no clima da organização tende a passar de um respeito cerimonial para uma desconfiança generalizada.

Atenção para o fato de que muitas organizações complexas trocam os dirigentes máximos, e isso realimenta a situação de que o modelo de sucesso está a perigo, o foco no todo, que era disseminado, passa a ser orientado internamente pelos grupos apenas para a parte. Na realidade, tudo se passa como se, simbolicamente, tivessem cortado a cabeça do rei Artur, pela perda da confiança oriunda das ações impositivas deflagradas; ou concretamente, quando trocam a classe dirigente.

Explorando um pouco mais o simbolismo da Távola Redonda, a perda do líder que administrava a competição interna substitui a orientação para os resultados, e contra os inimigos externos orienta-se para um só objetivo: a sobrevivência.

Esse novo gera uma forma de ver o trabalho: *se o sistema está em perigo*, vou tratar de sobreviver. Nesse instante, quanto menos risco for provocado parece ser a melhor atitude, pelo menos para os que se sentem ameaçados. As estruturas enrijecem-se, burocratizam-se ao máximo os procedimentos, e o dinamismo é reduzido para evitar exposições necessárias, já que as reengenharias e os exemplos de cima indicam que muitas cabeças ainda devem rolar.

Aos poucos, recrudescem os feudos que lutam pela sobrevivência e se recusam a interagir efetivamente com os demais, já que os objetivos e as oportunidades futuras são de difícil visualização.

Convém destacar que esse momento traumático impregnará as estruturas profundas da organização. A cultura organizacional, que tinha um modelo de sucesso, modelo esse que será sempre lembrado porque levava ao crescimento de todos, incorporará uma série de novas crenças, valores e atitudes que vêem qualquer mudança como ameaça e a sobrevivência da parte como meta.

Por questão de sobrevivência do todo, aproxima-se um momento de tomada de decisão, o que o presidente da Intel, Andy Grove, chama de ponto de inflexão: o ponto D da curva. Antes de explorá-lo, vamos ver o quadro-resumo da zona de reação do meio.

QUADRO 3.4

Parâmetros	Características
Objetivo	Sobrevivência (interna)
Estrutura funcional	Rígida
Processos	Burocratizados
Dinamismo	Baixo tendendo a zero
Modelo gerencial típico	Feudos

▪ Zona de Decisão

Do ponto de vista genérico da curva de crescimento, a partir do ponto D, podem ser admitidas três possibilidades:

- o organismo, a idéia, o projeto etc. estabelecem uma linha de estabilidade na troca de nutrientes com o meio, e há um nível de estabilidade em uma situação inferior aos níveis máximos de crescimento, mas o organismo sobrevive;

50 Capítulo Três

- o meio não consegue fornecer os nutrientes mínimos de que o organismo necessita e morre; ou

- reformula-se a relação com o meio, e o organismo tem uma nova oportunidade.

Ilustrativamente, ocorre algo como uma planta que reduz sua relação com o meio e mantém-se aparentemente bem no vaso em que está plantada, ou por falta de irrigação definha e morre, ou o meio recebe uma injeção de nutrientes, ou a planta é transplantada para um jardim e floresce e volta a crescer.

No caso empresarial, como esse não é necessariamente mononegocial, há a possibilidade de composição de estágios de crescimento entre negócios diferentes, e, com isso, uma mistura de curvas de crescimento que tendem a provocar uma resultante que não fugirá do modelo que se está apresentando.

Tomemos para o caso empresarial o exemplo de uma organização com um mononegócio como proposto linhas atrás.

No ponto D, ponto em que uma decisão deverá ser tomada, também surgem as três hipóteses; só que, como alertamos, poderão vir a se compor: estabilização, nova oportunidade ou morte. Vamos caracterizar cada um desses estágios.

• Estágio de Estabilização

Esse é o estágio em que as relações com o meio foram acertadas. O resultado é que o organismo tende a manter-se sem muito esforço, exigindo do meio o mínimo indispensável. No caso de uma empresa, são os chamados negócios maturados; com um mínimo de esforço o resultado é constante. Nos anos de 1970 e 1980, esse era o caso da telefonia fixa. Pouco era necessário para que o retorno viesse. Em planejamento estratégico, Peter Lorange chamava esse tipo de negócio de *cash cow*; talvez galinha dos ovos de ouro fosse o nome mais adequado em português. Os objetivos nesse momento do ciclo de vida seriam resultado de um acordo; a estrutura rígida e os processos são regulados por normas, já que há muito pouco espaço para novidades. Há no ambiente uma cultura avessa à mudança, porque o sucesso parece estar garantido. Como conseqüência, o dinamismo é o mínimo necessário para que a máquina rode sem sustos. Os parâmetros de aferição do momento são, portanto, assim caracterizados como no Quadro 3.5.

QUADRO 3.5

Parâmetros	Características
Objetivo	Negociado
Estrutura funcional	Rígida
Processos	Burocratizados
Dinamismo	Baixo tendendo a zero
Modelo gerencial típico	Feudos

Note-se que o modelo de estabilização é uma continuidade natural do modelo de regressão durante a reação do meio, com a única diferença de que, antes, os objetivos eram meramente de sobrevivência. Nesse, definido um nível de estabilização, há um resultado esperado negociado de algum modo com o meio. Os demais parâmetros são mantidos.

• Estágio Orientado para uma Nova Oportunidade

Do ponto de vista análogo, a nova oportunidade surge como um novo negócio, e, portanto, com uma orientação diferente do que se vive na estabilização. Na prática, o modelo estável serve de alavanca para que se busque uma nova oportunidade, a superposição possível de negócios que falamos. Mas com um cuidado: os modelos se confrontam. Lembramos que uma nova oportunidade, por sua analogia com um novo negócio, possui as características mostradas no Quadro 3.6, tomando-se os cinco parâmetros considerados:

QUADRO 3.6

Parâmetros	Características
Objetivo	Imposto
Estrutura funcional	Em formação
Processos	Naturais
Dinamismo	Alto em orientação
Modelo gerencial típico	Vertical

Repare que a não-observância do choque dos perfis dos parâmetros pode gerar conflitos incontornáveis, pois objetivos impostos chocam-se com objetivos negociados; estruturas rígidas confrontam-se com estruturas embrionárias em fase de formação; processos burocratizados opõem-se aos processos naturais; o dinamismo baixo tendendo a não se coadunar com um dinamismo alto em orientação, e a forma de condução gerencial verticalizada não consegue conviver com uma estrutura feudal. Em suma, os grupos tendem a se rejeitar mutuamente, um atrapalha o outro, se uma separação física entre os dois tipos de negócios não for observada. Lembramos o trabalho de Christensen (2001), que alerta a que nem sempre a empresa que está na ponta em determinado setor consegue tomar as rédeas de uma nova oportunidade, pelo simples fato, acrescentamos nós, de existir um choque de parâmetros de sustentação de dois negócios: um maturado e um inovador.

• Estágio Tendendo a Falência ou Morte

Essa é a hipótese trágica de uma má decisão ou de uma decisão não tomada no devido tempo. Em termos de um organismo vivo, a relação com o meio é péssima, porque esse não possui os nutrientes capazes de manter a existência e a funcionalidade do organismo. No âmbito empresarial, não há mais mercado, e os clientes buscaram outras fidelidades. Em conseqüência, salve-se quem puder, ou seja, os objetivos passam a ser individuais e, portanto, deixam de existir coletivamente.

A estrutura rígida não responde às necessidades de flexibilidade em busca da eficiência e da eficácia organizacional, está defasada no tempo e no espaço.

Fato análogo ocorre para os processos que continuam sendo mantidos, ainda que gerando resultados que não mantêm os clientes antigos nem atraem novos, e, finalmente, o dinamismo alto é inconseqüente, algo como uma demonstração coletiva de ansiedade sem objetivo algum. O modelo gerencial é a anarquia, respeita-se o chefe por questões cerimoniais, mas ele não orienta absolutamente nada.

Podem-se representar os parâmetros desse estágio como no Quadro 3.7.

QUADRO 3.7

Parâmetros	Características
Objetivo	Inexistente
Estrutura funcional	Arcaica
Processos	Rígidos e inadequados
Dinamismo	Alto dispersivo
Modelo gerencial típico	Anárquico

Eis, comparativamente ao ambiente empresarial, a demonstração da extrema aplicabilidade do modelo representado pela curva de crescimento de um organismo – o ciclo de vida da relação de um organismo com o meio ambiente.

Ressaltamos que ele é aplicável em todas as situações em que um fato embrionário se defronta com um ambiente e inicia-se um processo de relacionamento incerto, até o momento de uma retomada de crescimento ou de sua regressão até a morte.

3.5.3.2 Simetria

Esse é um outro parâmetro de avaliação instintivo e que às vezes não se costuma transpor para o espaço gerencial para auxiliar na percepção e na busca de modelos mais consistentes para interpretar o fato observado. Talvez valha a pena aqui uma digressão relacionada com a idéia de um fato observado.

Certamente, um acontecimento que mobiliza objetos e pessoas e que permite perceber suas conseqüências para a empresa é de uma aceitação imediata como um fato, e sua importância, ou não, objeto de análise mais detalhada pelo gestor.

Claro que o resultado de sua análise, como veremos com mais detalhes mais à frente, não é neutro, e, assim, dependendo de suas intenções, capacidade interpretativa e ferramental de análise, já que a atenção ao fato foi pressuposto da própria observação, ele é aplicado ou não no ambiente sob sua gestão.

Todavia, quando alguém apresenta um esquema representativo de alguma análise e sobre o qual se espera que uma decisão seja tomada, o esquema, em si, é um fato digno de nota, sem nem mesmo levar em consideração, nesse instante, as intenções e outros aspectos de quem apresentou o esquema. Nesse instante, é bom enfatizar, o fato é de natureza simbólica, e o que está sendo efetivamente analisado é o esquema em si. Dito de outro modo, além da veracidade dos argumentos utilizados para que o esquema tenha sido construído daquela maneira, o esquema vai ser o objeto conscientemente ou inconscientemente focalizado pelo gestor. Nesse instante, cresce de importância a percepção da simetria.

A simetria pela qual o gestor impõe uma perspectiva de observação e em relação a ela avalia a distribuição dos elementos, é um atalho excelente para superar as armadilhas da complexidade.

Nesse instante, o gestor deve perceber as concentrações de elementos e ter consciência das possíveis quebras de simetria: algo como o desenho apresentado possui três elementos do lado esquerdo e só dois do lado direito. Não é que esquemas não possam ser assimétricos, claro que há essa possibilidade, mas a sensação de simetria é uma atitude presente na mente de todos. Vejamos melhor essa idéia.

Repare o rosto de uma pessoa. A simetria não é perfeita, mas dado um nível de abstração razoável, e dependendo da intenção da observação, tomar a simetria como uma variável da visão totalizante é importante. Um médico detecta uma inflamação pela falta de simetria, ainda que ele tenha plena consciência de que a simetria não é perfeita. O rosto tem um eixo que corta a testa, passa pelo centro do nariz, meio dos lábios na vertical e corta o queixo na mesma linha axial. À direita e à esquerda desse eixo existem metade de cada elemento, pelo qual ele passa no centro, e um olho de cada lado, metade do rosto e uma orelha de cada lado. Se essa simetria não estiver presente, todos se incomodam – qualquer observador e o próprio indivíduo.

Assim, a análise da simetria de um fato organizado simbolicamente por alguém, inclusive por você mesmo, revela-se um atalho fundamental para a observação de um fato complexo. Mais à frente, quando da metodologia de análise que incrementa a visão totalizante, voltaremos ao uso desse aspecto.

3.5.3.3 Interatividade

Aqui retomamos o pesquisador Duncan Watts (2005), que percebeu e destacou a importância dos *clusters* como grupos de elementos e rede de relações que guardam entre si algum tipo de similaridade.

Revela-se como importante o gestor estar consciente desses *clusters*, porque a tentativa de romper relações entre os elementos que os compõem, por mais perniciosas que possam parecer para terceiros, leva a uma reação inconsciente do grupo, pela invasão do território em que regras bastante tradicionais são mantidas e respeitadas. O conhecimento que se extrai dessa afirmação é que esses grupos tendem a contrariar a lógica natural global. Isso ocorre porque a lógica aplicada internamente é uma lógica que privilegia as relações entre os elementos componentes do grupo, e não a lógica externamente proposta orientada para resultados.

Entre os diversos tipos de *clusters* de indivíduos, certamente sem se limitarem a eles, temos os discriminados a seguir.

Físicos – identidade por aproximação

São os grupos que mantêm relacionamentos baseados em aspectos físicos que vão desde aparência, cor, raça etc. Ou seja, é o tipo de grupo básico que tem um fundo animal, como grupos de formigas, ou seja, pessoas que se percebem próximas por elementos básicos discriminadores: o que nos caracteriza fisicamente difere das características daqueles que não as possuem.

Interesses – identidade por conveniência

Grupos formados por necessidade de se defender de ameaças ou para aumentar o poder de competitividade do grupo pela organização e pela quantidade. São os grupos que buscam conforto nas associações com terceiros ou de pessoas discriminadas que se sentem individualmente incapazes de enfrentar a ameaça de outros grupos.

Observe-se que pode parecer haver uma certa similaridade entre o grupo anterior e esse. Na realidade, no primeiro caso, o grupo é que tende a rejeitar terceiros. No segundo caso, terceiros rejeitam ou não atendem aos interesses dos indivíduos, e esses se juntam para aumentar a competência e a satisfação a partir do coletivo, já que a individual tende a não ser atendida. Em essência, é essa a grande característica dos grupos de interesse não necessariamente discriminantes. São grupos como calouros de universidades, associações de adoradores de borboletas, aeromodelistas, jogadores de pôquer, grupos da terceira idade e outros interesses particulares.

Relacionamentos – identidade por afetividade

Aqui talvez esteja a forma mais natural de caracterização de grupos articulados entre si. Seus componentes se juntam porque gostam uns dos outros, ou porque aprenderam a gostar, ou porque são da mesma família, ou por qualquer forma de afeto que os uniu como grupo.

É fundamental perceber esses grupos, porque a simples tentativa de dividir o grupo pode gerar reações inesperadas se o gestor estiver desatento para esse tipo de agrupamento. Um exemplo pode ser visto nos casos em que um novo gestor identifica um colaborador, começa a confiar nele, e dessa confiança surgem comentários estratégicos que envolvem sigilo na definição de um sujeito coletivo para o futuro da empresa. Se a seleção de componentes desse sujeito envolve, naturalmente, a exclusão de outros e esses incluídos e excluídos fazem parte de um mesmo *cluster* de afetividade, seu projeto de mudança estratégica pode estar a perigo.

Em suma, a identificação desses *clusters* é condição importante porque ignorá-los significa correr o risco de a lógica natural da ação ser quebrada quando o gestor menos esperar.

Cultural – identidade por valores

Esse é um tema complexo: a cultura de um grupo se forma pelo exercício comum de atividades em que regras de comportamento, hábitos, atitudes e crenças são algumas vezes formados no decorrer da história do grupo e são transmitidos naturalmente pelos antigos membros para os novos.

Muitos desses paradigmas que condicionam as ações dos grupos têm suas origens esquecidas no tempo, mas seus membros os repetem sem questionar. Um exemplo bem ilustrativo é o que se conta acerca de uma experiência com um grupo de macacos colocados em uma jaula na qual havia uma escada com um cacho de bananas no topo. Sempre que um macaco subia para pegar a banana, os outros recebiam um choque elétrico.

Tendo todos os macacos passado pela experiência, um dos macacos foi trocado, e não mais se aplicava o choque elétrico naquele que tentasse pegar a banana. Todavia, assim que o macaco novo tentou subir na escada, os outros, com medo do choque, o espancaram. Aos poucos, cada macaco antigo foi sendo substituído, até que os que ficaram na jaula nunca receberam choque algum. Logo, mais um foi substituído. Mesmo assim, quando o novo tentou subir, os demais o espancaram, sem saber o motivo original por que o faziam.

A percepção do *cluster* cultural é fundamental para se perceberem atalhos nos comportamentos complexos dos grupos envolvidos com os fatos que afetam a gestão de qualquer organização.

Esses fatos culturais tendem a se representar nos campos simbólicos, o que pode ser reforçado, dependendo da percepção que se tem do grupo que está sendo orientado pelo gestor. Algo como identidade por camisas, cores, hinos etc.

Ideológicos – identidade por idéias

Talvez seja o *cluster* mais complexo e de mais influência em um ambiente organizado. A comunhão de idéias cria ideologias, focos de resistência e de influência que precisam ser percebidos e analisados com muito cuidado pelo gestor. Como dissemos, eles tendem a quebrar qualquer lógica natural orientada para resultados, para novas estratégias etc., a menos que as ideologias envolvidas sejam convergentes, o que muitas vezes apenas parece, porque os fundamentos de ambas podem ser distintos.

Como o tema ideologia é de alta complexidade e de vastíssima literatura de sustentação e tema inerente aos ramos da sociologia e da política, com suas correntes, prós e contras a cada tema apresentado, o que apresentaremos de agora em diante é uma síntese orientada para o gestor e bem distante de esgotar o tema em outros campos do conhecimento. As bases sobre as quais os *clusters* ideológicos se sustentam, como dissemos, de modo sintético e dentro do objetivo de auxiliar o gestor na identificação de um instrumental para seu pensamento, constroem-se a partir de:

Princípios

Toda ideologia possui princípios. Princípios são as verdades ou proposições tomadas como verdades pelo grupo e que são consideradas inquestionáveis. Algo como os dogmas, que não estão abertos a qualquer tipo de crítica ou revisão.

Um expressão anedótica que ilustra bem a idéia de princípios inquestionáveis é o ditado: Se os fatos não confirmam os princípios, danem-se os fatos.

Na realidade, todas as ações de qualquer pessoa são baseadas em princípios. Alguns, que contrariam a sociedade como um todo, acabam sendo incorporados como inquestionáveis: não matar, por exemplo.

Todavia, os princípios que fomos incorporando em nossa vida, fruto das experiências, como aqueles relacionados ao grupo de colegas da escola, dos chamados clubes do bolinha (até certa idade), e outros são flexíveis, e o passar do tempo demonstra suas inaplicabilidades. Com isso, eles caem, são naturalmente substituídos, surgem novos, e assim sucessivamente.

No campo da ideologia não. As ideologias baseiam-se em doutrinas, e com isso surge a figura do mentor ideológico, figura essa que se confunde com a ideologia e vice-versa.

58 Capítulo Três

Na busca de atalhos para se entender a sua complexidade, os *clusters* ideológicos revelam-se como obstáculos de difícil superação, mas cuja percepção e possível interferência só são imagináveis se as bases sobre a qual a ideologia se sustenta forem corretamente identificadas.

Observe que a tentativa de uma interpretação de uma realidade, tendo a visão totalizante como objetivo, quando identifica esses tipos de *clusters* e suas bases referenciais, revela-se como meio caminho andado. Mas a ideologia tem fortes componentes complexas, redes iterativas internas, enfim, uma teia de relações e de elementos componentes que não podem ser desconhecidos pelo gestor totalizante.

Intencionalidade

Toda ideologia tem uma intenção. Ela não surge do nada; surge da percepção de um quadro considerado não-adequado aos interesses sociais e que precisa ser revertido. A ideologia, desse modo, não tem orientação, tanto é de direita como de esquerda, utilizando vocábulos ideológicos. Assim, a ideologia marxista surge pela percepção das situações de desigualdade distributiva do capital, enquanto a ideologia do neoliberalismo advém da percepção da dificuldade de desenvolvimento se o estado do bem-estar social continuar prevalecendo. Sem entrar no mérito desses exemplos, o importante é que se tenha em mente que, identificado um *cluster* ideológico, é fundamental não esquecer que por dentro há sempre uma intenção de modificação de estruturas, modificação essa que estará sempre presente na forma de seus adeptos de perceber e agir sobre o mundo.

Parcialidade

O grande problema de qualquer ideologia é a seleção parcial e, como vimos, intencional, de variáveis significativas. As expressões do tipo Estado mínimo, burguesia, fim do estado de bem-estar social, a globalização é boa para todos são apenas algumas das palavras que se associam ao foco parcial da análise e que possuem uma lógica interna forte, consistente e altamente coerente.

O problema é que a realidade, quando contraria essa base, é tomada como uma teoria conspiratória daqueles que estão interessados em deteriorar os princípios e os resultados esperados daquela forma de pensar.

O importante para o gestor está na frase: **possui uma lógica interna própria**. Essa é a essência da questão para quem pretende pensar estrategicamente e que pode se defrontar, e certamente se defrontará, com grupos cuja seleção de variáveis relevantes tende a ser significativa e cuja lógica conseqüente raras vezes encontra sintonia com a lógica da nova estratégia.

Cuidado! Em alguns momentos, as variáveis em jogo em um diálogo de convencimento da nova estratégia podem ser idênticas às do *cluster* ideológico em confronto. Isso ocorre por mera coincidência da seleção de variáveis utilizadas nos discursos, e um gestor desavisado pode achar que um acordo está ajustado. Ledo engano. O desenrolar dos fatos demonstrará que não havia sintonia alguma, com uma reação maior das partes.

Certa vez, um gestor de nível médio foi convencer um grupo da necessidade de indicação de um determinado personagem para ocupar uma posição em uma negociação. O grupo que deveria ser convencido era de conhecida ideologia. Após a reunião, o gestor voltou todo orgulhoso, pela aceitação do nome proposto.

Um gestor mais experiente e com poder maior de decisão sobre a questão procurou saber acerca dos argumentos utilizados. Ao pesar a resposta, percebeu que o gerente havia apenas utilizado argumentos que coincidiam com alguns preceitos da ideologia do grupo. Em outras palavras, ele percebeu que no momento da negociação, quando as demais variáveis fossem explicitadas, não haveria acordo algum e sua equipe seria considerada composta por traidores. Com habilidade, ele reduziu o escopo da negociação ao que poderia ser acordado e deixou para outra ocasião os fatos conflitantes.

Convencimento da ideologia

Vistos os principais aspectos que demonstram por que o conhecimento dos *clusters* ideológicos é relevante para o gestor, surge uma questão: Como se reconhece uma ideologia e como se se defende de seus modelos de convencimento? Para isso, deve-se saber que uma ideologia possui uma estrutura mercadológica de venda que se caracteriza por:

Aparência

A aparência de uma ideologia é basicamente estrutural. Ou seja, possui elementos tomados como fundamentos que se interligam o mais densamente possível, de modo a que todos os elementos possuam pelo menos uma dependência de qualquer outro.

60   Capítulo Três

Sua aparência, se desenhada por um caricaturista, é de um sólido cujos vértices são os elementos (princípios) e os lados e as diagonais as relações entre eles, o que lhe imprime uma beleza estética inerente à estrutura montada. Como cada elemento depende de pelo menos outro, fica muito difícil contar a história que uma ideologia encerra, o que por outro lado eleva o nível de sua consistência para um observador e dificulta seu poder de crítica.

Mito da criação

Antes cabe uma digressão. Na busca de instrumentos conceituais válidos para a interpretação de um ambiente em constante mutação, um modelo articulado em que os elementos componentes possuam uma forte interdependência revela-se como estrutura referencial mínima indispensável.

Se, por um lado, toda proposição estruturada constitui-se em uma potente chave de leitura para temas de alta complexidade, por outro, dadas suas características, intrínsecas, leva o autor a uma dificuldade maior na sua apresentação.

Pode-se afirmar que o caráter interdependente dos elementos, ao comporem a estrutura conceitual, elimina a temporalidade típica dos aspectos conjunturais e permite o livre tráfego da estrutura nos mais diversos contextos; todavia, é a falta desse caráter temporal que dificulta a escolha do ponto de origem no processo de seu desvelamento e comunicação. A ideologia, por se caracterizar como uma estrutura articulada fechada, possui os mesmos problemas que um pensamento estruturado não-ideológico. Como o recurso que se utiliza para apresentar uma estrutura é construir o chamado mito da criação, seria importante que o gestor tivesse plena consciência desse importante artifício. O processo pode ser assim descrito.

Cria-se uma história linear que focaliza uma questão – aquela situação que suscitou o desenvolvimento da ideologia, que pode ser tanto uma necessidade gerada pela situação – alguma forma de desequilíbrio social –, quanto alguma necessidade de superação provocada pelo fato – a busca de uma solução; ou o surgimento do herói – o mentor da ideologia, que lança as bases do inédito. Caracteriza-se assim algo que empurra as estruturas vigentes para os lados e gera um pólo de irradiação da nova estrutura.

Deve-se lembrar que a estrutura montada, por ser fictícia e forjada, torna o mito da criação desnecessário no futuro, depois que a estrutura que interessa foi desvelada. Todavia, esse será mantido como forma de transmissão da estrutura ideológica no processo mercadológico de captação de novos adeptos.

Para ilustrar melhor a idéia, tomemos um conjunto articulado de conhecimentos tal que pudéssemos representá-lo sob a forma de um cubo, no qual cada elemento ocupasse um vértice e as arestas simbolizassem as relações de dependência entre os elementos dois a dois.

O caráter de interdependência entre os elementos exige que, para todo elemento, haja no mínimo uma relação de entrada, ou seja, que outro elemento o determine de alguma maneira.

Note-se que tal exigência prende-se ao fato lógico de que, se um elemento sozinho determinasse os que o cercassem, e não fosse determinado por outro, acabaria se tornando o gerador de todos os outros e, como tal, da própria estrutura procurada. Como conseqüência, a estrutura mais complexa, no caso o cubo, seria um mero desdobramento da primeira, no caso o ponto que todos determinava, esse sim fundamental.

As condicionantes e premissas colocadas representariam a estrutura de um conhecimento estruturado, por exemplo, como proposto na Figura 3.4.

Observe que qualquer ponto (vértice do cubo) da estrutura possui pelo menos uma seta que entra no ponto, ou seja, é determinado por pelo menos um outro vértice.

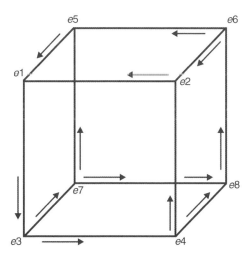

FIGURA 3.4 Representação hipotética de um conhecimento estruturado

A estrutura assim constituída, que tem, por definição, uma existência estruturalmente determinada, ganha, pois, uma independência em relação aos elementos externos, podendo ser transportada para os mais diversos contextos e, assim, referenciar a colocação em ordem de situações aparentemente caóticas.

O desenho ilustra bem a idéia de uma proposição estruturada.

Vejamos agora as dificuldades provocadas em sua apresentação pelo seu caráter estruturado.

Uma análise rápida do cubo permitiu-nos verificar que qualquer elemento não pode ser caracterizado como revelador da estrutura total, já que, repisamos, o caráter interdependente dos elementos faz com que qualquer elemento selecionado tenha uma relação de dependência obrigatória com outro – dependerá de pelo menos um elemento ainda não apresentado.

Para sair desse dilema, utiliza-se um artifício: formula-se uma hipótese local *(ad-hoc)*, o mito da criação que provisoriamente introduz um caráter temporal do modelo, caracterizando assim sua gênese. Em outras palavras, um fator conjuntural é arbitrariamente escolhido, de modo a introduzir, por meio de ações seqüenciais, os elementos mínimos necessários à edificação da estrutura, como mostra a Figura 3.5

Surge assim o que se convencionou chamar de mito da criação. Expliquemos melhor.

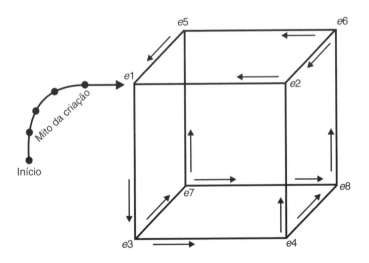

FIGURA 3.5 O mito da criação de um conhecimento estruturado

O nome mito da criação vem das formas utilizadas pelas mais diversas religiões para apresentar a estrutura que sustenta suas crenças, valores e dogmas. Reforçamos a idéia de que, ainda que o mito da criação seja um recurso muito usado nas estruturas ideológicas, qualquer pensamento estruturado, pelo seu caráter articulado interno, possui, para ser passado para terceiros, um mito de criação associado.

O importante para o gestor nesse momento é separar o que é estrutura do que é mito, já que o segundo só serve para introduzir a estrutura, portanto, não deve ser tomado como a verdade.

Coerência expressiva

Como elemento coadjuvante, mas de alta relevância para a manutenção de uma ideologia, a ideologia necessita ser altamente coerente, de modo a que não se percebam falhas no discurso, já que internamente ele não possui falhas. Nunca se deve esquecer que as falhas se centram nos princípios selecionados, como explicado anteriormente.

Em conseqüência, o discurso ideológico possui um exaustivo processo de aperfeiçoamento pelo qual todos os membros do *cluster* passam a argumentar do mesmo modo, por meio dos seguintes artifícios:

- seleção do que dizer, que é condição de garantia de solidez dos argumentos. Configura-se assim uma coerência argumental – a seleção do como dizer. Obs.: preste atenção no uso seletivo de vocábulos. Psicologicamente, eles criam a idéia de unidade de expressão, típico de um *cluster* ideológico.
- a sintaxe do discurso possui uma conectividade bem-definida, principalmente quando da apresentação do mito da criação. Configura-se assim uma identidade sintática – a forma de dizer. Obs.: preste atenção nas frases prontas e de impacto. E, finalmente,
- as palavras são colocadas com sentido único, muitas vezes neologismos, mas cujo significado é rígido, não admitindo interpretações. A precisão do vocabulário e o uso das palavras são respeitados o tempo todo, configura-se uma precisão semântica – a correção ao dizer. Obs.: preste atenção na solidez do discurso.

Essas três atitudes – coerência argumental, precisão sintática e precisão semântica – emprestam uma credibilidade inquestionável à ideologia, sendo a sustentação do *cluster* pela forma particular de expressar e argumentar.

64 Capítulo Três

Resistência a hipóteses externas

Pois bem, à guisa de conclusão, dados os princípios sempre respeitados e os recursos de convencimento e de expressão padronizados, a ideologia tem um alto poder de resistir e de se confrontar com hipóteses externas, principalmente com as idéias que ainda estão sendo esboçadas e cujos elementos ainda estão em fase de estruturação, e portanto ainda se chocam com as realidades em vigor e estruturadas.

Em conseqüência, a ideologia resiste e muitas vezes vence as novas propostas por causa de sua solidez, conforme já explicitado e aqui ratificado:

- compatibilidade com as necessidades imediatas;
- porque são centradas em pressupostos de veracidade – não existem elementos falsos selecionados;
- possibilidade, ou seja, ainda que os custos de suas implantações sejam elevados: revoluções, empobrecimento de parte da população etc., as propostas são possíveis de ser realizadas no tempo, ainda que ele seja longo e para outras gerações;
- probabilidade, na medida em que os fatos que geraram o discurso ideológico possuem seus efeitos cada vez maiores, acenando como altamente provável que ocorra uma ruptura da realidade; e
- convincente, pelo conjunto de argumentos levantados até aqui.

A percepção, pelo gestor, da existência dos diversos *clusters* apresentados, a nosso ver, é útil para o gestor totalizante, dada a importância com que os grupos influem na quebra da lógica natural dos processos. Esses *clusters*, por desenvolverem movimentos tendenciosos, dificultam tanto a percepção de cenários prováveis quanto a efetivação de mudanças estruturais importantes para a garantia do sucesso de qualquer organização.

3.5.3.4 Conectividade

A conectividade diz respeito ao conjunto de pequenos modelos que auxiliam no processo de articular as informações de modo a que o todo construído faça sentido. Podem existir diversos tipos de conectividade; todavia, em nosso ponto de vista, são três os tipos de conectividade que ocupam mais de 90% das necessidades de percepção de um gestor totalizante.

Convém relembrar que o gestor totalizante possui uma forma de ver o foco de sua análise a partir de um processamento que leva em conta, ainda que intuitivamente e inconscientemente, a estrutura do campo que sua observação focaliza e alguns segmentos de percepção que lhe fornecem atalhos para lidar com a complexidade.

Em tese, se perguntado ao gestor totalizante sobre um detalhe do campo de sua observação, talvez ele não consiga afirmar com convicção, já que a memória fotográfica não é necessariamente um atributo de sua forma de ver o mundo. Há, nesse instante, uma chance elevada de que ele afirme que o detalhe sobre o qual está sendo questionado deve estar em determinada situação de seu campo de observação, não porque saiba, mas porque, pela estrutura que ele visualiza, é possível que uma certa configuração esteja caracterizada.

Uma ilustração seria a do mestre de xadrez que, em uma simultânea, tende a saber qual é melhor lance em cada tabuleiro, mas que, se for questionado sobre a posição de uma peça em um deles, talvez diga: não sei, mas pela estrutura do jogo deve estar em determinado ponto.

A conectividade é, portanto, uma das formas com que ele vê o conjunto de informações: figurativamente, domina a estrutura do tabuleiro e percebe a conectividade entre as peças. O exercício da conectividade e, conseqüentemente, da relação entre os diversos elementos do campo de análise sobre o qual atua lhe dará a competência para perceber o todo que precisa ser analisado e, a partir dessa percepção, a estratégia de ação adequada – a única jogada certa naquela configuração do campo de análise.

Para que se consiga estabelecer esse senso, é justo que se parta da concepção de que existem três formas básicas de conectividade:

1. a conectividade concreta – que se refere ao mundo das coisas e que tem como elementos que se conectam peças e componentes;
2. a conectividade simbólica – que se refere ao mundo das idéias e que tem como elementos que se conectam idéias e conhecimentos;
3. a conectividade sistêmica – que se refere aos processos organizados, e que tem como elementos que se conectam sistemas e relações.

O primeiro caso deve apenas se tornar referência para o gestor. Como tudo que pode ser identificado em uma coisa na qual suas partes são peças e componentes de um objeto concreto maior, estruturas formadas pelas interligações dos diversos componentes podem ser transportáveis por analogia para as outras situações de conectividade em qualquer campo de conhecimento.

Em conseqüência, as duas ferramentas seguintes são as que mais apóiam o desenvolvimento desse senso de conectividade: a sistêmica e a simbólica.

Antes de prosseguir, convém destacar que em todas as três conectividades apresentadas está por trás uma componente obrigatória, a conectividade lógica, ou seja, a conectividade possui:

- uma situação inaugural lógica que define as conexões possíveis;
- a conectividade concreta, que parte da possibilidade lógica, para unir devidamente as partes e formar uma estrutura concreta; e
- a conectividade simbólica, que se utiliza das referências lógica e concreta de modo convergente para gerar um mundo de conexões em que idéias, conceitos e conhecimentos se articulam.

De certo modo, a conectividade sistêmica é o resultado de uma construção idealizada pelo homem e que, por possuir especificidades e aplicabilidade em diversos campos das realizações humanas, se destaca como derivada das outras três. Assim, temos: conectividade simbólica ou cognitiva e conectividade sistêmica ou processual.

Conectividade Cognitiva

Para o gestor totalizante, é fundamental destacar a importância dos diversos módulos de conhecimento que domina e a importância de uma expansão permanente desse conjunto de módulos.

Os modelos que nestas anotações exploramos como atalhos para desvendar a complexidade são de suma importância no processo de organização do pensamento em busca da identificação original de um fato, de sua interpretação e das implicações desse sobre a realidade espaço-temporal, como elemento capaz de antecipar-se a mudanças e gerar diferenciais competitivos.

O trabalho já citado apresentado por Ross (2006) cita os estudos realizados pelo psicólogo George Miller, de Princeton, em um artigo denominado "O número sete mágico, mais ou menos dois",[12] no qual afirma que uma pessoa só pode ficar atenta a simultaneamente de cinco a nove itens.

---

[12] O artigo, publicado em 1956, tinha como título original "The Magical Number Seven, Plus or Minus Two".

Em conseqüência, uma estratégia utilizada por aqueles que conseguem observar a totalidade que está subentendida em um fato observado reside na utilização de módulos de conhecimento, que foram denominados *chunks*.

Uma ilustração, análoga à apresentada no texto publicado na *Scientific American*, pode ser visualizada a partir de uma frase conhecida. Por exemplo, o verso "Minha terra tem palmeiras onde canta o sabiá" pode ser apreendido pelo analista de diversos modos: letra por letra, palavra por palavra, por segmentos da sentença etc. O que se chama de *information chunk* – unidade modular de conhecimento – depende do conhecimento que o observador possui e pretende fazer da sentença; assim, temos:

- pode ser para alguém um trecho do poema de Casimiro de Abreu, portanto, para quem o conhece, estaria caracterizado um módulo parcial de um conhecimento maior;
- para aquele que apenas olha a frase, sem conhecer o poema, teria apreendido um módulo fechado de conhecimento;
- para aquele que atentou para palavras, teria apreendido oito módulos; e
- para quem hipoteticamente visse apenas letras, sua apreensão estaria envolvida com 40 unidades de conhecimento.

Reparem que, sendo válida a posição de Miller, quanto mais módulos isolados o indivíduo distinguisse, mais dificuldades teria de visualizar o todo.

Em conseqüência, a capacidade de absorver módulos de conhecimento de forma integrada – a visão esperada do gestor totalizante – será tão mais abrangente quanto mais módulos de conhecimento ele conseguir dominar.

Note-se que esses módulos vão sendo criados pelo exercício sistemático de transferência de módulos de conhecimento para outros campos, pela apreensão de suas estruturas e pela capacidade de conectá-los para superar obstáculos que apontem para a complexidade. Esses fatores, analogamente ao que vimos e estamos desenvolvendo como capacidade de o gestor totalizante fazer uma leitura da realidade complexa, os chamados atalhos para lidar com a complexidade, serão tão mais funcionais quanto mais estruturados forem e quanto maior for a capacidade do gestor em conectá-los diante de uma situação complexa. Em suma, módulos de conhecimento e elos de conexão caracterizam o centro estrutural da conectividade simbólica.

Antes de passarmos para a próxima conectividade, valeria a pena destacar três termos que podem confundir o leitor se apresentados sem os devidos esclarecimentos: multidisciplinaridade, interdisciplinaridade e transdisciplinaridade.

O perfil do gestor totalizante, como está sendo construído nestas notas, não pretende de modo algum sugerir que, considerando as disciplinas que podem ajudar a sua formação, seu produto final seja uma mera soma das disciplinas com as quais ele vier a travar conhecimento. Ainda que haja uma multiplicidade de disciplinas a serem dominadas, a multidisciplinaridade não é o perfil procurado.

Claro que a conexão entre as disciplinas, a descoberta de pontos comuns, a capacidade de transportar conhecimentos de uma disciplina para outra são de interesse para a sua formação; em conseqüência, a interdisciplinaridade precisa surgir da multidisciplinaridade à qual ele é inicialmente apresentado.

Mas isso, em nosso modo de ver, é uma condição necessária embora não suficiente. Há necessidade de que, das disciplinas, possa emergir algo cuja propriedade característica possa transcender o espaço de cada disciplina, ou seja, a conectividade simbólica de idéias e de conhecimentos é, obrigatoriamente, transdisciplinar.

Conectividade Sistêmica

Essa conectividade é um construto derivado das outras pela observação de que as coisas possuem partes, partes essas que interagem umas com as outras. O modo como elas iteragem leva a um resultado particular e tende a constituir módulos análogos aos *chunks*, que são transportáveis para outras situações, economizando assim tempo e raciocínio para o encontro de soluções no mundo da complexidade.

Tão significativa é essa percepção, que a chamada visão sistêmica parte da importância da transportabilidade de modelos e da capacidade de exploração de analogias para construir um arcabouço importante para a análise e a tomada de decisão. Bertalanffy (1975) desenvolveu um trabalho tentando mostrar como a percepção de estruturas e processos características dos sistemas poderia ser transportada para os diversos campos de conhecimento, gerando economia e maior rapidez de inferências pela similaridade dos modelos.

A chamada TGS[13] revolucionou a administração pela facilidade com que os modelos sistêmicos tradicionais serviram de base à análise de problemas que perdiam sua complexidade quando subdivididos em sistemas elementares que se conectavam. Os principais elementos característicos de um sistema podem ser extraídos da definição mais tradicional: partes que interagem para atingir um objetivo. Daí extraem-se:

- Partes: cada um dos elementos básicos que caracterizam uma função específica a ser desempenhada;
- Interação: relações entre as partes de modo a que haja um resultado dessa interação que afeta o resultado final do sistema considerado;
- Objetivo: resultado final a ser alcançado após realizadas todas as interações internas do sistema.

Dessas três simples considerações, observa-se que um sistema, ao possuir um objetivo, precisa que ocorra um evento singular para que, a partir da interação entre as diversas partes que o compõem, ele se modifique.

Em outras palavras, pelo princípio da inércia, como um corpo não pode mudar por si mesmo seu estado de repouso ou de movimento, um sistema estático continuará estático se não ocorrer uma mudança de situação. Portanto, qualquer estímulo que faz com que o sistema mude seu estado original chama-se input, entrada, ou, genericamente, seu insumo. Dada a mudança ocorrida, o resultado esperado é seu output, saída ou produto.

Em conseqüência do que foi dito até agora, pode-se representar uma unidade elementar, um sistema elementar pela figura a seguir,

---

[13] TGS, na realidade, é uma tradução equivocada de General Systems Theory, o nome original da disciplina e do livro de Bertalanffy. A correta tradução deveria ser Teoria dos Sistemas Gerais, TSG; todavia, o nome que se popularizou foi o incorreto.

em que E é a entrada, S, a saída, e T, a função de transformação. É importante perceber que a definição permite-nos entender que um sistema pode ser formado por vários sistemas elementares, que seriam subsistemas. Ao conjunto de subsistemas que desempenha uma função específica podemos chamar de processos, e ao conjunto de sistemas elementares e suas conexões de estrutura do processo, ou macroscopicamente, de estrutura do sistema analisado.

Todavia, o modelo elementar possui uma falha construtiva inerente ao mesmo princípio que nos levou a entender os elementos componentes de um sistema. Ou seja, a inércia tende a fazer com que uma perturbação inicial, ao desviar-se de um estado de repouso ou de movimento, não consiga ser revertida. Ou seja, não permite que o sistema interrompa o desvio iniciado pela perturbação.

Como todo sistema precisa ser governável, ou seja, deve possuir uma estabilidade, permitindo assim que um desvio possa ser corrigido, surge a necessidade de se perceber como funcionam os sistemas estáveis. Para isso, vamos tomar o modelo elementar da estabilidade, os chamados homeostatos de Ashby.

A Figura 3.6 mostra o princípio da estabilidade. Na realidade, esse modelo é utilizado em todo e qualquer processo em que se pretende que a relação saída/entrada seja mantida dentro de uma relação padronizada.

Para isso, uma amostra da saída é comparada com um padrão pre-estabelecido. Havendo um desvio, um sinal é enviado ao subsistema de

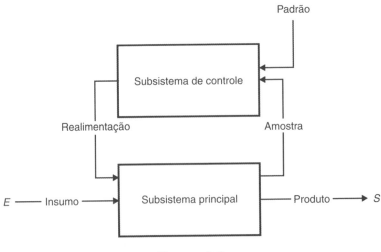

Figura 3.6

controle que realimenta o sistema principal e modifica de algum modo a função de transformação, fazendo com que o produto final seja modificado no sentido inverso do desvio detectado. O sistema tende assim a voltar ao padrão previsto.

Esse modelo é fundamental e deve estar na mente do gestor porque, independentemente do sistema que está sendo analisado, se há o pressuposto de estabilidade, essa estrutura elementar estará sempre e obrigatoriamente presente, e sem ela o sistema tende à destruição.

Observe que o desenho da figura é bastante ilustrativo. Há um subsistema de produção que internamente possui uma função de transformação que, a partir de insumos que chegam à entrada do subsistema, gera produtos. O desvio da normalidade é detectado a partir de uma amostra da saída que compara com um padrão esperado. O desvio serve de insumo para o subsistema de controle, que gera um produto que é aplicado ao subsistema principal, visando ajustar a saída ao padrão especificado. Esse modelo é de aplicação genérica quando está em jogo a garantia da estabilidade.

A conectividade revela-se, portanto, como um importante instrumento de geração de uma visão totalizante. A capacidade de o indivíduo observar um ambiente e identificar o fato notável pela associação inconsciente e intuitiva de que o foco principal da questão é um específico e nenhum outro, talvez seja o resultado esperado de quem aguarda o pronunciamento de um gestor dotado de uma visão totalizante sobre uma questão complexa.

Vejamos agora o sentido oposto; em vez da intuição, vamos ver como se porta um gestor a partir de ferramentas dedutivas.

3.5.3.5 Estratégia analítica – a multiplicidade de abordagens

Imaginemos um fato qualquer, modificador da normalidade, que possa se caracterizar como nosso objeto de análise. O que nos diz o bom senso? Que seria bom saber o que o causou e quais suas prováveis conseqüências; se suas partes componentes podem ser identificadas; qual seu comportamento no tempo; e, finalmente, se possui uma correlação estrutural com outros fatos.

Pois é isso mesmo. As estratégias de focalização do fato exigem que abordemos o objeto sob essas quatro óticas. Vamos usar nomes mais formais para essas abordagens: da caixa-preta, sistêmica, estrutural e temporal. Uma digressão se faz necessária. Convém não confundir abordagem sistêmica com conectividade sistêmica:

- a primeira diz da forma de se atacar um problema a partir da hipótese de que o objeto da análise pode ser representado por um sistema;
- a segunda diz da forma de conexão de elementos tomados como básicos para a formação de um todo complexo a ser identificado;
- na primeira, o processo procura decompor o todo em partes;
- a segunda identifica partes e busca construir um todo, ainda que ambas tenham a concepção sistêmica como referência.

Estabelecidos os nomes e feita a devida digressão conceitual, procuremos perceber as bases sobre as quais se assentam essas estratégias. Lembramos mais uma vez que não pretendemos dar um receituário, mas levar o leitor a refletir sobre cada estratégia e sua aplicação.

Abordagem da Caixa-Preta

Esse é o reino da relação causa e efeito. Nessa abordagem, não nos interessa o objeto em si, mas seu comportamento. Ele, para nós, configura-se como uma caixa de conteúdo desconhecido que transforma um insumo em um produto – um estímulo que produz uma resposta.

Possui grande importância investigatória, porque isola o fato perturbador de outras hipóteses, ainda que não consiga diferenciá-lo quando outras hipóteses ocasionam o mesmo efeito.

Tende a ser de imensa utilidade na fase preliminar de uma diagnose, mas nunca pode ser confundida com a diagnose de modo completo.

O método possui grande utilidade na construção de modelos de simulação e nos casos em que se pode provocar ações e analisar reações sem que ocorram mudanças catastróficas no objeto analisado.

Na eletrônica, por exemplo, serve para o desenvolvimento de modelos de equivalência, ou seja, modelos que, submetidos aos mesmos inputs que o objeto analisado, respondem com os mesmos outputs.

Nada impede que esse modelo seja utilizado para analisar o efeito de um fato. O que o leitor deve ter em mente é que apenas se consegue determinar a forma de resposta do elemento diante de estímulos bem-definidos.

Sua grande vantagem seria, como vimos, circunscrever o problema e permitir simulações entre limites.

Ilustremos com um exemplo simples. Imagine que seu automóvel comece a sofrer problemas de instabilidade no funcionamento do sistema de injeção. Você passa no posto, completa o nível, e o problema desaparece. Começa a andar de novo e, após um bom número de quilômetros, o problema volta. Você resolve testar a partir de que ponto o nível de gasolina se relaciona com o problema. Até que descobre que o problema só ocorre quando o nível fica inferior a um determinado limite.

Você acabou de determinar a faixa em que o problema ocorre. Você conseguiu isolar uma hipótese que se relaciona com o nível de combustível. Você já sabe que não devem ser a bomba, os injetores e outros detalhes. Provavelmente, o tanque está sujo ou o pescador está fora de sua posição, ou outras hipóteses que, confessamos, não sabemos nem sugerir. Você tem duas soluções: ou deixa o nível de gasolina acima do mínimo detectado ou procura descobrir a verdadeira causa do problema.

A desvantagem do modelo reside no fato de que, por não se preocupar com o elemento em si, e sim com seus efeitos, pode sugerir soluções absurdas.

Tomemos o caso de um analista de trânsito que, analisando a distribuição do tráfego no ano, conclui que, nos períodos de férias, o trânsito melhora consideravelmente. Repare que a distribuição do tráfego no ano simula um conjunto enorme de respostas do sistema a diversos estímulos. Por fim, baseado na constatação, ele propõe eliminar as aulas.

O absurdo da solução visou, apenas, demonstrar a aplicabilidade limitada do modelo analítico, ainda que não seja possível negar sua importância.

Abordagem Sistêmica

Essa já é uma abordagem que se preocupa com as partes que interagem para desempenhar uma função. Parte da constatação de que, qualquer que seja o objeto sob análise, é possível separá-lo em diversos outros objetos componentes, os quais, juntos, fazem emergir a propriedade que caracteriza o fato.

Ressaltamos aqui o célebre preceito que afirma que "o todo é maior que a soma das partes". O analista, a partir dessa estratégia, tem como pressuposto que o desequilíbrio da normalidade foi provocado por falha interna do objeto considerado, ou os elementos constituintes estão gerando desvios, ou, ainda, a relação interna entre eles é que se revela problemática.

Nós, pessoalmente, tivemos um exemplo dessa situação na esfera automobilística. Um veículo de nossa propriedade começou, por encanto, a mudar a rotação do motor, de maneira aleatória, como se estivéssemos acelerando o veículo. Feita a diagnose, foram identificadas e substituídas as peças defeituosas. Ao ser colocado em movimento, o carro começou a apresentar o mesmo defeito. O problema foi identificado, após muita pesquisa, pelo fato de o subsistema inteligente que articulava as duas peças ter guardado a informação anterior, o que fazia com que elas interagissem como se estivessem defeituosas.

A análise sistêmica exige um trabalho, portanto, por parte do analista, de percepção dos elementos e de suas interligações.

A vantagem da abordagem é possuir uma utilização muito ampla e aceita nos diversos campos do conhecimento. Sua característica de articulação de elementos favorece a especialização, já que o objeto complexo pode ser subdividido em subsistemas especializados. Adicionalmente, favorece o desenvolvimento de analogias otimizadoras. Um exemplo muito comum seria o modelo de um sistema estável já abordado, que pode ser aplicado na eletrônica nos sistemas automáticos de ganho; na mecânica para estabilizar mecanismos, na economia para representar um crescimento com estabilidade etc.

As desvantagens da abordagem sistêmica podem ser enunciadas pelo perigo de se tentar otimizar as partes achando que com isso se otimiza o todo; e pelo fato de, apesar de ficar aparente uma estrutura ligando os elementos principais, a concepção de função e, portanto, a divisão de responsabilidades, atenuar a noção de estrutura.

Uma ilustração pode ser um sistema ecológico em que convivem elementos que o homem considera importantes e seus predadores naturais. Se por acaso se rompe esse equilíbrio intencionalmente, aquilo que se revelava, inicialmente, importante pode se transformar em problema. O caso do canguru australiano é notório. Protegidos de seus predadores por questões de preservação da espécie eles proliferam hoje de tal modo que, periodicamente, as autoridades australianas liberam a sua caça para reduzir sua população a um número aceitável.

Abordagem Estrutural

Uma terceira forma de analisar um objeto pode ser vista como aquela que o toma como determinado por suas relações com outros objetos. Convém não confundir com a análise sistêmica. Na análise anterior, o objeto é como que radiografado e sua unidade separada em partes que se articulam entre si.

Nessa análise, o objeto ocupa uma casa vazia, ainda que uno e considerado, para o escopo da estratégia, como indivisível. Ele se apresenta como determinado por outros objetos e suas respectivas relações com o objeto considerado.

Esse tipo de abordagem vê o objeto sob análise como um pino sobre o qual gravitam diversas estruturas que o tornam sobredeterminado.

Tomemos como exemplo um indivíduo que exerce sua atividade em uma organização qualquer. A estrutura funcional define seu status, a estrutura de cargos, sua função, a estrutura cognitiva, sua especialidade, a estrutura de relacionamento, seu papel social; a estrutura religiosa, seus valores, a estrutura desportiva, sua posição na equipe etc. Pois é assim que a análise estrutural tende a ver o objeto: como parte de uma multiplicidade de camadas que condicionam o seu comportamento.

Tem grande utilidade em problemas complexos em que a interatividade é a palavra-chave. Permite inferir comportamentos a partir de variáveis externas condicionantes. Um exemplo emblemático da estrutura de sobredeterminação é a cultura organizacional.

Talvez valesse a pena retomar aquilo que caracteriza uma cultura organizacional. Para isso, tomemos Barbosa (2002), que destaca que "(...) a cultura de uma organização seria composta de sistemas de classificação que organizam a realidade (...). Eles se expressam através de símbolos, convenções, regras explícitas e implícitas, debates e controvérsias". Infere-se da definição que a resposta de determinados grupos a determinados estímulos pode ser catalisada ou neutralizada por componentes que selecionam, inconscientemente, o que pode e o que não pode ser realizado.

Uma ilustração seria o caráter sagrado da vaca para os indianos, o que seria impossível de ser percebido pelas abordagens colocadas anteriormente.

Perceba-se que a forma de abordar o problema difere muito das duas anteriores, principalmente pelo componente externo ao objeto, que não pode ser tomado como causador do problema, mas sim como um mero agente de exteriorização de uma estrutura oculta.

A grande vantagem da análise estrutural é sua contribuição para a percepção de modelos articulados complexos. As ideologias, as resistências culturais, as regras que não pegam e várias outras poderiam ser analisadas a partir dessa forma de abordar a realidade.

Sua desvantagem é que tende a negligenciar os aspectos constitutivos do objeto analisado e, portanto, acenar com soluções em um horizonte temporal um pouco distante das necessidades mais imediatas.

Um exemplo para reflexão seria enunciado desta forma: ainda que todos concordemos com a importância do processo de educação, distribuição de renda e oportunidade de emprego na reversão do quadro de violência urbana, não há como enfocar essa solução estrutural como única, sob pena de, por absurdo, a violência assumir tais proporções que, quando a solução estrutural tiver condições de mostrar seus resultados, não haja comunidade viva em que possa ser aplicada.

Abordagem Temporal

Até o presente momento, nosso objeto de análise permanecia imutável no tempo, ou pelo menos não fizemos nenhuma consideração a respeito de possíveis mudanças com relação a esse aspecto.

A presente estratégia se preocupa com sua mudança através do tempo. Ou seja, o nosso objeto de análise precisa ser avaliado em termos de sua projeção futura.

Já afirmamos[14] que a estratégia temporal pressupõe que sejam tomados cuidados importantes hoje com relação à possibilidade de um problema continuar existindo no futuro. Existem falácias projetivas que precisam ser verificadas pelo analista, sem o que este acaba por projetar e se preparar para o improvável.

O importante da visão temporal é que, de algum modo, ele necessita das estratégias anteriores. Isso se deve ao fato de que o objeto projetado no futuro deve responder a estímulos, deve ter partes componentes e deve ser articulado estruturalmente a outros elementos. A única diferença em relação ao objeto presente reside, como é por demais óbvio, na mudança do pano de fundo com o tempo.

---

[14] Montenegro e Dalledonne (1998).

Isso difere muito das estratégias anteriores pela mudança de cenários, e que podem focalizar, substancialmente, o objeto, em termos de:

- novas respostas a estímulos não-existentes hoje;
- novas funções internas impossíveis de serem percebidas hoje;
- novos elementos estruturais externos que podem rever sua sobre-determinação no futuro.

De qualquer modo, essa estratégia exige duas ações que se regulam:

- uma que analisa as diversas variáveis em jogo hoje, em função de seu crescimento,[15] avalia se o objeto, projetivamente construído, resiste às diversas análises – verifica sua continuidade;
- outra que analisa a possibilidade de emergência ou a eliminação de aspectos componentes do objeto analisado – verifica sua reestruturação.

A vantagem dessa análise é a visão antecipada da realidade; a capacidade de perceber mudanças estruturais que afetam o contexto no qual uma empresa desenvolve seus negócios pode dar vantagens competitivas significativas ao negociador.

A desvantagem é um alto grau de especulação proveniente da incerteza que envolve as atividades de projeção para o futuro, o que gera certo ceticismo em relação às estruturas projetadas.

Em conseqüência, a incerteza costuma dificultar as ações de negociação pela incapacidade de seu opositor aceitar investir em uma mera possibilidade, já que a probabilidade nem sempre está definida.

Essa abordagem tende a ser geradora do chamado paradoxo do agente de mudança, que costumamos colocar sempre para reflexão em nossas publicações. O que vem a ser esse paradoxo?

O paradoxo surge pela situação *sui generis* do agente que percebe, de modo projetivo, que uma estrutura tende a se constituir no futuro. Como essa estrutura exigirá novos métodos, processos e comportamentos, o agente fica preso em uma armadilha: se utilizar modelos da nova estrutura, tende a ser rejeitado pela cultura em vigor; se usar as regras atuais, reforça a cultura em vigor e distancia-se das potenciais oportunidades visualizadas.

---

[15] Crescimento está tomado em um sentido genérico – pode ser positivo ou negativo.

78 Capítulo Três

O paradoxo, todavia, é que vai acabar revelando a capacidade real de interpretar do analista, pois envolve o confronto de percepções distintas da realidade futura, focalizando os sujeitos envolvidos.

Como o leitor percebeu, registramos as quatro estratégias de análise em termos gerais para uma visão impressionista sobre o tema.

Convém destacar que nossa preocupação foi auxiliar o leitor na percepção de aspectos do objeto que podem vir a causar a necessidade de uma reflexão.

Dirijamos agora nossas baterias para a área da sociologia. Della Torre (1983) sistematiza uma importante classificação acerca do método utilizado pelo sociólogo em suas investigações e que tomamos como referência. Classifica os métodos sociológicos em seis, que aqui resumimos:

- histórico, que busca as raízes do fenômeno social no passado;
- comparativo, que estuda os grupos para perceber semelhanças e diversidades;
- estatístico, para generalizar a ocorrência e o significado de fenômenos sociais;
- do estudo de casos, que busca estudar a representatividade do fenômeno social;
- tipológico, pelo qual se modelam os tipos ideais dos fenômenos estudados;
- funcionalista, que divide a sociedade em partes que exercem funções.

Um trabalho de desenvolvimento dessa estrutura classificatória em termos de estratégias de análise permite-nos caracterizar as seguintes abordagens:

Abordagem Histórica

Nessa abordagem, o importante é a componente identificada no passado que deu origem ao fato que se está pretendendo analisar. Parte, como estratégia, da constatação de que todo organismo vivo possui seu ciclo de vida e sua história, e que essa história condiciona comportamentos.

Alicerça-se na constatação de que o fato impacta a sociedade e tende a provocar uma reação proveniente da componente histórica de sua realidade.

A dificuldade com que chegou ao ponto em que está hoje, o pensamento construído a partir dos líderes que tiveram destaque nos diversos momentos do ciclo de vida da organização, os altos e baixos empresariais etc. são alguns elementos componentes denunciadores do grau de flexibilidade ou de rigidez que o ambiente considerado poderá ter diante de um conflito.

Não podemos esquecer que as pessoas do grupo afetadas pelo fato são representantes de uma cultura. Se, por um lado, sabemos que a cultura faz parte de uma estrutura classificatória da realidade, por outro devemos estar conscientes de que essa cultura foi forjada ao longo dos anos. Cada valor, hábito e atitude incorporaram-se ao inconsciente, pelo uso, pela experiência vivida e pela repetição, todas tendo o fator tempo como linha condutora.

Por outro lado, a própria noção de história perde o sentido se não houver uma estrutura invariante no tempo. O começo e o fim de uma história coincidem com a formação e o colapso de uma estrutura.

Em suma, a abordagem histórica, a identificação de suas raízes, pode se revelar um importante elemento informacional para o processo de análise da situação.

Exemplifiquemos com uma negociação. A análise histórica da organização, com a qual você pretende negociar algo demonstrou que, no ciclo de vida da empresa, houve uma crise proveniente de um acordo de cooperação que não foi cumprido pelo parceiro, com graves conseqüências financeiras.

Admitamos que você tenha descoberto, ainda, que a forma de se livrar da falência foi a demissão de parte significativa da força de trabalho, concentração na verticalização da produção e uma liderança firme e centralizada que deixou marcas importantes na organização.

Sua análise de objeto da negociação demonstra que você precisa propor um acordo de cooperação com subdivisão da cadeia produtiva entre as duas organizações e forte descentralização decisória. Você terá que ser muito convincente.

A grande desvantagem do processo é que ele se supõe determinístico. Ou seja, costuma ignorar mudanças situacionais no sentido histórico. Por conseguinte, tende a não levar em conta os motivos que levaram a fazer o acordo anterior, os aprendizados que foram incorporados à cultura decisória da organização a partir do erro cometido, a possibilidade da emergência de novos princípios organizacionais, a formação de uma nova cultura, fatores condicionantes externos etc.

Abordagem Comparativa

Enquanto a abordagem anterior concentrava-se no sujeito coletivo, que se caracterizava como o grupo social afetado pelo fato, a presente procura estudar o comportamento de sujeitos coletivos diferentes tendo o mesmo tema como referência.

A estratégia de abordagem consiste, portanto, em buscar problemas da mesma natureza, para que as semelhanças sejam identificadas, e analisar com profundo cuidado as diferenças.

No caso das semelhanças, esses elementos tendem a determinar uma forma invariante de se enfocar um desafio específico. Provavelmente nesse espaço estejam as coisas triviais. Para exemplificar, vamos supor que selecionamos três personagens sadios e perfeitos de três raças: negra, branca e amarela. A observação dos três espécimes demonstraria algumas coisas triviais. Por serem homens, todos possuem pernas, braços, coração etc.

Em termos estratégicos, a trivialidade pode não ser importante, mas, quando os problemas ganham complexidade, identificar o comportamento invariante pode se constituir em um otimizador de recursos. Isto é, qualquer que seja o esforço que dediquemos a determinados aspectos, o resultado tenderá a ser o mesmo, porque a resposta padronizada tende a ser a resposta do interlocutor.

Todavia, a importância da estratégia reside não só no encontro, mas na explicação das diversidades. A comparação entre vários modelos de ação permitirá perceber quais as variáveis que levaram um grupo a optar por um comportamento, enquanto outro, por hipótese, o rejeitou com veemência.

O domínio dessa forma de abordar permite que o gestor se utilize da experiência alheia e de mecanismos eficientes de lidar com situações novas sem que tenha, até, participado de situação semelhante.

Um ditado popular ensina que o burro não aprende com os próprios erros, o inteligente aprende com os próprios erros e o sábio aprende com os erros dos outros. Essa metodologia tende a ser a dos sábios.

A vantagem do modelo, como vimos, é a capacidade de criar modelos de atuação baseados na experiência, sem os custos de errar para aprender. Exigem pesquisa e capacidade de extrair, do fenômeno analisado, semelhanças e diferenças.

A desvantagem surge da dificuldade de se encontrarem situações idênticas para que os comportamentos possam ser analisados. Na prática, os casos possuem em suas formulações diferenças grandes que prejudicam a aplicação direta da estratégia.

Um segundo fator complicador vem da célebre diferença entre conhecimento explícito e implícito. A análise comparativa só pode ser realizada sobre o registrado, enfim, sobre o explícito. Mas, se o fator relevante da tomada de decisão está oculto, ou seja, é proveniente de um acordo prévio, não-explicitado, não há o que aprender por comparação.

Abordagem Estatística

Essa é uma abordagem que procura correlacionar fatos com números. Procura fornecer governabilidade através da despersonalização do sujeito a ser analisado.

Enquanto na abordagem anterior buscava-se perceber e comparar grupos diferentes para ver como reagiam a problemas semelhantes, essa abordagem procura identificar um conjunto de indivíduos semelhantes para avaliar como se comportam diante de um determinado problema.

Todos sabemos que o segredo do modelo estatístico de abordagem de um fenômeno reside em um processo de abstração, pelo qual se idealiza uma coletividade (empresas com faturamento superior a X unidades monetárias) e se busca reunir os dados desses indivíduos, descaracterizando-os de suas particularidades, construindo desse modo um universo estatístico. A partir daí, reduzidos os indivíduos a números, busca-se inferir o comportamento esperado de um indivíduo genérico.

Com o universo estatístico construído, entram em cena as demais ferramentas estatísticas para cálculo de médias, modas, medianas, variâncias, desvio-padrão etc., que, como o leitor já percebeu, servirão de base para definir um sujeito padrão, bastando para isso caracterizá-lo como um indivíduo típico do universo estatístico organizado.

A vantagem da abordagem centra-se no próprio motivo de sua utilização: a facilidade de generalizar, despersonalizar e inferir comportamentos, além da potencialidade para gerar modelos, como o uso de modelos econométricos que podem servir para inferir comportamentos a partir de modelos reduzidos e com erros estatísticos controlados.

As desvantagens vêm de dois lados:

- a primeira, pelo uso intensivo da média, tende a eliminar aspectos que fogem do comportamento ortodoxo dos dados. Essa característica revela-se altamente prejudicial quando o objetivo é mudar, e, portanto, são exatamente as soluções heterodoxas as que precisam ser levadas em conta. Por outro lado, a média é uma medida perigosa. Lembre-se de que uma pessoa com a cabeça em um forno à temperatura de 56° e os pés dentro de um *freezer* a −18° estará, provavelmente, morta a uma confortável temperatura média de 37°;
- a segunda, pelo caráter interpretativo, pois a resposta fornecida precisa ser interpretada, o que nem sempre é uma ação neutra, podendo ser tendenciosa. O professor Nelson Senna, pesquisador do IBGE, ilustra muito bem esse aspecto com a seguinte afirmação: "Cuidado, porque um dado bem torturado confessa qualquer coisa."

Abordagem do Estudo de Casos

O estudo de casos, método muito usado na administração e na sociologia, procura analisar o comportamento de uma organização específica tendo uma situação qualquer selecionada como mote.

Para melhor situar esse tipo de abordagem, vamos recordar o que vimos até agora:

- na primeira abordagem, buscava-se a história como definidora do comportamento do grupo que pode ser afetado por fato relevante;
- na segunda, procurou-se a invariante do resultado em diversas situações semelhantes, sempre que o fato ocorreu; e
- na terceira, criou-se um sujeito genérico cujo resultado pode ser inferido por tendências e manipulações estatísticas, e buscou-se inferir sua reação se o fato ocorrer.

Na presente abordagem retoma-se o sujeito da ação e ignora-se o resultado da ação como elemento da análise. Busca-se analisar um caso genérico e inferir a forma de reagir dos sujeitos envolvidos, sem nenhuma preocupação com a natureza do fato provocador da necessidade de análise.

Essa abordagem não está interessada no porquê da resposta do sujeito e, sim, nos mecanismos que utiliza para formular a sua resposta.

Parte, portanto, do pressuposto de que a resposta do grupo analisado tende a ser estável, desde que o desafio estimule os aspectos certos de sua estrutura particular de ver o mundo.

A vantagem da abordagem de estudos de casos reside na capacidade de identificar modelos de atuação, de perceber as formas de interação dos diversos elementos componentes da estrutura organizacional da instituição representada pelo sujeito da ação considerado e de inferir as prováveis respostas que a organização tende a dar a certas questões, o que é de grande utilidade durante o efetivo processo de inferir comportamentos.

A desvantagem advém da dificuldade de obtenção das informações necessárias para caracterizar o caso a ser estudado.

Segundo Della Torre (1983), essa abordagem se vale às vezes de entrevistas, questionários, biografias, documentações e observações, e, portanto, no nosso modo de ver, revela-se como de difícil aplicação, por insuficiência ou pela baixa qualidade dos dados disponíveis.

O gestor deve buscar uma integração com os responsáveis pelos sistemas de informação da organização, que podem ser de extrema utilidade na busca, captura e articulação das informações sensíveis para a decisão do gestor.

Em conseqüência, tende a ser muito técnica, pelos muitos aspectos envolvidos, exigindo equipes interdisciplinares competentes de apoio ao gestor para interpretar as informações estratégicas necessárias a uma tomada de decisão sobre os rumos a serem tomados.

Abordagem Tipológica

A abordagem, criada originalmente por Max Weber,[16] busca constituir modelos reducionistas da realidade que caracterizem tipos ideais e, portanto, possuidores de respostas padronizadas aos mesmos estímulos.

Essa estratégia de análise parte do pressuposto de que é possível reunir aspectos característicos fundamentais e, com eles, compor uma estrutura classificatória e associar as empresas, ou indivíduos, e seus comportamentos a tipos bem-determinados.

Esse modelo peca pela proposta em si. Se pudéssemos reunir a variedade de aspectos necessários para compor uma estrutura classificatória

---

[16] Veja Della Torre (1983), p. 26.

84   Capítulo Três

significativa, esta ficaria tão densa, que deixaria de ter utilidade prática. No outro extremo, a busca de um número mínimo de variáveis seria tão trivial que tenderia a situar no mesmo espaço organizações diferentes.

A abordagem se aplica, todavia, como apoio à seleção estratégica em situações de baixa complexidade e serve como macroorientação, mas costuma deixar hiatos profundos quando o tema é a previsão de comportamentos.

Tem sido de grande aplicação na definição de perfis individuais, ainda que, como o leitor verá, não forneça detalhes expressivos para a tomada de decisão. Ilustremos com uma classificação tradicional de personalidades dos indivíduos, citada por Handy[17] (1993): *melancólico* – de tendências anti-sociais e introvertido; *colérico* – de tendências agressivas e ativo; *sangüíneo* – sociável e relaxado; e *fleugmático* – passivo e estável. Repare que só podemos vê-la como eixos de um espaço complexo, nada mais.

Sua grande vantagem é fornecer visões simplificadas e classificatórias da complexidade, exprimindo e definindo gêneros próximos e diferenças específicas entre duas situações quaisquer.

As desvantagens se extraem, com certa facilidade, do próprio exemplo citado.

A tipologia, como abordagem, não se revela um bom instrumento para a tomada de decisão.

Apesar de a classificação permitir inferir comportamentos genéricos singelos, não consegue, de modo absoluto, precisar o comportamento provável de um elemento, tendo em vista as variáveis que foram desconsideradas para tornar compreensível a tipologia.

Abordagem Funcional

Essa abordagem pode ser entendida como derivada da análise sistêmica aplicada à sociologia. Parte da concepção de que uma organização tem uma função social. Em termos empresariais, uma missão a ser exercida.

Não há nada de estranho nessa proposta, porque todos estamos familiarizados com as idéias de missão, políticas, objetivos e estratégias.

---

[17] Os tipos são caracterizados por mais elementos; como nosso escopo é ilustrativo, selecionamos dois que nos pareceram mais representativos do tipo.

A abordagem em questão busca identificar aspectos axiomáticos básicos da organização sob análise, para perceber o impacto que o fato pode provocar em sua missão e seus princípios.

Naveira e Silva (1986), ao se referir aos fatores críticos do sucesso de empresas de alto padrão de desempenho, afirma, com muita propriedade, que essas empresas possuem sabedoria para lidar com conflitos. Observe o trecho a seguir: "Se houver uma base de princípios e valores, compartilhados entre os componentes do grupo, será mais fácil deixar o conflito apenas no mundo das idéias, até que a luz da sabedoria permita estabelecer um novo consenso mais construtivo para todos e para a organização."

Apesar de a importância filosófica dessa afirmativa ser geral, poderíamos argumentar que nem sempre lidamos com empresas de alto padrão de desempenho.

Claro que estaríamos certos. Todavia, o que a abordagem admite é que, por menos explícitos que estejam os valores e princípios de uma organização, eles existem, e serão fundamentais para definir o comportamento esperado de seus representantes à mesa de decisão.

A abordagem busca, portanto, fornecer subsídios para os gestores inferirem a veemência com que certos grupos defenderão pontos de vista, a ética que sustenta a forma de transigir e seus desdobramentos, os pontos flexíveis etc. Tudo isso a partir de alguns axiomas básicos que dão sentido e direção às ações do grupo que está envolvido com o fato perturbador considerado.

A vantagem da abordagem é a redução da diversidade dos elementos que caracterizam o grupo a um conjunto mínimo de elementos articulados, com forte poder orientativo das ações, porque no fundo revelam princípios e valores.

Naveira e Silva (1986) reproduz a afirmativa de Thomas Watson Jr., filho do fundador da IBM, que consolida a importância da abordagem: "A filosofia básica de uma empresa influi muito mais nas suas realizações do que seus recursos econômicos ou tecnológicos."

A desvantagem da abordagem reside, como já argumentado, na dificuldade de identificar os princípios, quando não explicitados, o que passa a exigir um trabalho de longo prazo, que envolve pesquisas antropológicas e psicológicas em uma organização.

Resumo

Apesar de, no decorrer do desenvolvimento do capítulo, termos tido a preocupação de mostrar as tipicidades das diversas abordagens, concordamos que o leque aberto de conhecimentos metodológicos foi muito grande.

Gostaríamos, todavia, de explorar um pouco a própria idéia do leque. Esse objeto, quando aberto, tem necessariamente um foco do qual irradiam as diversas palhetas. Não há dúvida de que, se as palhetas forem deixadas ao acaso, o leque perderá a forma, por não conseguir mantê-las em suas posições relativas. Isso é conseguido por meio de um cordão que articula todas as partes ou pelo tecido ou papel que une as diversas palhetas. Como se observa, o leque se abre, mas, ao mesmo tempo, articula e provoca a convergência.

Uma outra metáfora interessante, obtida a partir do leque, se configura por sua abertura. Assim, se totalmente aberto, consegue agitar a maior quantidade de ar possível. No sentido oposto, sua capacidade de agitação é irrelevante.

Um outro aspecto a destacar é que, ao articular diversas palhetas, o leque pode simbolizar a idéia de interdisciplinaridade. Assim, quanto mais aberto o leque, mais disciplinas está articulando; à proporção que vai se fechando, abre mão de componentes disciplinares, até que, no instante imediatamente anterior ao seu fechamento total, se revela como unidisciplinar.

Acreditamos que o leque pode estar sendo visualizado mentalmente pelo leitor, mas seria bom se você pudesse visualizar sua representação articulada e interdisciplinar com detalhes. Apesar de os esclarecimentos feitos para cada abordagem se mostrarem ricos em diversos aspectos, selecionamos alguns deles para caracterizar a abertura de nosso leque; o ponto de convergência, certamente, seria a capacidade de análise de uma situação complexa, tema de nossa reflexão:

- o sentido e a direção de cada palheta são caracterizados pela *abordagem* selecionada;

Os demais aspectos são os acabamentos do leque:

- a *característica*, que especifica a forma da abordagem;
- a *expectativa*, que procura representar o que se espera conseguir com cada abordagem; e, finalmente,
- uma síntese das *vantagens* e *desvantagens* de cada abordagem.

Foi isso que fizemos. Convidamos o leitor a abrir conosco o leque construído.

Quadro 3.8 Leque de abordagens de uma estratégia analítica

Abordagem	Característica	Expectativa	Vantagem	Desvantagem
Caixa-preta	Pesquisa de padrões de estímulo e resposta	Equivalências de comportamento	Isolamento do problema	Generalização absurda
Sistêmica	Divisão do objeto em funções que se articulam	Comportamento do todo pelo conhecimento das partes	Exploração de analogias	Deformação do todo pela otimização das partes
Estrutural	Sobredeterminação externa do objeto	Controle de comportamentos pelas relações com outros elementos	Identificação de relações invariantes	Desvio da atenção dos aspectos constitutivos do objeto
Temporal	Projeção do objeto no tempo	Domínio de comportamentos futuros	Percepção antecipada de mudanças	Grau de incerteza das conclusões
Histórica	Levantamento dos aspectos marcantes do ciclo de vida da organização	Percepção dos comportamentos reativos críticos consolidados	Identificação de elementos culturais profundos	Pressuposto determinístico
Comparativa	Busca de atitudes invariantes em ambientes organizacionais distintos, por meio de experiências comuns	Identificação de comportamentos gerais explícitos transempresariais	Inferência de atitudes comuns	Falsa generalização devida a comportamentos implícitos
Estatística	Generalização pela despersonalização da organização em um universo estatístico	Identificação de comportamentos por meio de inferências estatísticas	Homogeneização de dados para modelagem e projeção	Distorção intencional do tratamento dos dados
Do estudo de casos	Identificação de mecanismos de resposta organizacionais gerais por meio de casos particulares	Definição de comportamentos-padrão transportáveis para outras situações	Identificação de modelos residentes	Desprezo ao caráter situacional dos processos de solução
Tipológica	Construção de tipos organizacionais ideais	Enquadramento de comportamentos em estruturas classificatórias	Previsão de respostas por padronização	Imprecisão na categorização de comportamentos desviantes
Funcional	Pesquisa de princípios norteadores de comportamentos da organização	Inferência de comportamentos pela base axiológica de referência	Identificação do núcleo de resistência	Falsas inferências baseadas na não-confiabilidade dos dados disponíveis

Adaptado de Dalledonne, Jorge. *Negociação*. Rio de Janeiro: Senac, p. 46,47.

88   Capítulo Três

Como o leitor deve ter observado, a estratégia analítica se configura como um conjunto de abordagens que desvelam aspectos particulares do fenômeno a ser analisado.

As abordagens apresentadas visaram a provocar a reflexão do leitor sobre os métodos utilizados e seus alcances, bem como alinhavar as vantagens e desvantagens de cada um.

Podemos afirmar que cada abordagem não está certa nem está errada, apenas são diferentes e dirigem seus instrumentos para certas particularidades. Desse modo, possuem vantagens específicas, mas, como contrapartida, diversas desvantagens constitutivas.

Recomendamos que o leitor não eleja nenhuma abordagem como favorita, até porque ficaria preso na armadilha caracterizada por suas desvantagens, mas que se exercite em perceber, quando sua percepção do fato recomendar, quais as abordagens que devem ser enfatizadas. O plural foi colocado de propósito: nunca deixe de tentar ser interdisciplinar. Lembre-se do leque, articule e provoque a convergência.

Sem a menor sombra de dúvida, e não era essa nossa intenção, você não sairá doutor nas análises específicas apresentadas. Com esse leque, você poderá identificar as necessidades e as formas de levantamento de informação que devem ser utilizadas, de modo que você esteja preparado para atuar, com eficiência e eficácia, em ambientes os mais variados; sobre temas os mais complexos; e com concorrentes os mais difíceis de serem confrontados.

Recomendamos, também, para finalizar: busque se aprofundar nos conhecimentos relativos às diversas abordagens colocadas, para, em termos de estratégia analítica, adensar o aspecto cognitivo de seu corpo lógico e, assim, fazer aflorar seu comportamento, de modo efetivo, quando os fatos geradores de desequilíbrio estiverem à sua frente.

3.5.3.6 A desarticulação do discurso fechado – um processo investigativo

A essência do problema que leva à busca de uma metodologia de leitura para desmontar um discurso reside no que se pode extrair do trabalho de Guarany e Bentz (1974), quando afirmam que toda leitura de um texto pode até ser a primeira, mas nunca é inocente.

Deriva daí a noção de que não existe neutralidade da mensagem, tanto no papel ativo do sujeito emissor quanto do receptor. Essa noção de não-neutralidade, que retomaremos sempre que o tema exigir, reside na constatação de que há uma relatividade da informação, tanto para um quanto para o outro, e leva a uma constatação inequívoca de que, na verdadeira acepção da palavra, a comunicação integral não existe.

O modelo tradicional de representação da informação permite concluir que a não-neutralidade é intrínseca ao próprio processo perceptivo do sujeito na medida em que questões situacionais, como a intenção e atenção associadas a outras questões operacionais, como o instrumental disponível e o modelo interpretativo, fazem com que a sua percepção seja única e, portanto, sua expressão de um mesmo fato para outros tende a ser particular.

Logo, a relatividade da informação para um sujeito já traz à baila a possibilidade de um certo grau de não-neutralidade da informação original.

Quando entra em jogo a mensagem, a coisa se complica. É preciso entender que, em tese, se substitui o fenômeno – o fato original que gerou a informação inicial – por um sujeito que pretende enviar uma informação sobre o fenômeno ao observador considerado.

Nesse caso, o problema adquire outras conotações: além da natural não-neutralidade perceptiva, constitutiva do processo, adiciona-se um segundo componente, identificado com o objetivo que o primeiro sujeito pretende alcançar do segundo com a mensagem enviada.

De um modo mais ilustrativo, imagine que um vendedor queira passar uma mensagem que leve um cliente, o receptor de sua mensagem, a comprar um objeto qualquer. Claro que haverá uma seleção natural de vocábulos, de associações de situações, de componentes gestuais e de diversos outros componentes que buscam fazer com que a informação última recebida seja: "adquirir esse objeto é vantajoso – devo comprá-lo".

Como se observa, parte-se aqui da visão generalizada da noção de texto e leitura, em que o texto é tomado como o complexo informacional passado pelo emissor, que inclui um texto propriamente dito, adicionando ênfases, gestos, entonação de voz etc.

Em outras palavras, um texto, de modo geral, pode ser entendido como o produto identificável resultante do uso de diversas linguagens, como forma de melhorar o processo comunicativo e, na maioria das vezes, facilitar a alcance do objetivo inicial do emissor. Assim é em uma venda, como já demonstramos, em um sermão, uma palestra, uma preleção de um treinador, uma aula, um debate, uma negociação.

Fácil comprovar isso quando se fala do texto geral de uma conversação negociadora. Adquire aspectos mais sutis quando se fala de uma mensagem escrita, por exemplo.

De qualquer modo, é preciso estar sempre consciente de que, em qualquer comunicação, seja ela administrativa, noticiosa, científico-tecnológica, dialogal, formativa, cultural ou meramente expressiva de um sujeito, existem duas manipulações intrínsecas: uma natural, proveniente do processo, que é fruto de sua idiossincrasia do observador, e outra intencional, relativa ao seu objetivo na emissão da mensagem.

É muito importante reter essa constatação, pois ela é o primeiro passo na busca da desmontagem de um discurso cuja leitura reside em uma conscientização do emissor quanto ao seu perfil e aos seus adjetivos. Em termos mais diretos: **identificar e avaliar o perfil do emissor, antes de iniciar a desmontagem do discurso.**

Essa primeira seleção não visa absolutamente a desqualificar o texto, mas sim a estabelecer um referencial, buscando superar o primeiro erro de quem faz uma leitura crítica qualquer: deixar-se envolver pelo clima criado pelo emissor.

Claro está que há muito de psicologia e de conhecimento nesse processo, mas essa primeira abordagem permite que haja uma filtragem de certos componentes naturalmente colocados por um emissor particular.

Seria interessante ver esse processo de modo articulado, para melhor fixar as idéias básicas. Sabemos que a informação final é fruto da atenção, da intencionalidade de um sujeito observador, do instrumental disponível e de um modelo interpretativo próprio.

Buscando uma reflexão sobre o sujeito, verifica-se que ele não é apenas uma máquina interpretadora. A mesma intenção que o fez buscar uma informação caracteriza uma série de projetos individuais que ele busca concretizar.

Todavia, queiram ou não, todos os indivíduos possuem elementos constitutivos no seu arcabouço conceitual, que definem o que é permitido por sua personalidade e o que não é. Nestas notas não há necessidade de um aprofundamento maior sobre esse tema, basta compreender que esses condicionantes ético-existenciais são os que são entendidos por valores.

Convém destacar a seguinte conclusão: valores sustentam os projetos individuais e ambos, juntos, condicionam o modelo interpretativo do sujeito. Não esqueça que esse esquema sintético está presente em qualquer sujeito, esteja ele no papel de emissor ou de receptor. Desse modo, no momento de receber ou de emitir uma informação qualquer, esses elementos estão sempre presentes e condicionando, consciente ou inconscientemente, sua fala ou sua interpretação.

Para facilitar a visão da lógica de todo o processo, imaginemos um observador como receptor de uma informação oriunda de um fenômeno (o observador viu um fato ocorrer). Por exemplo, Newton, debaixo da macieira, percebe uma maçã caindo.

No primeiro instante, seus mecanismos perceptivos receberam uma informação bruta: a maçã caiu. Intencionalmente preocupado com a dinâmica dos movimentos dos corpos, certamente, em vez de simplesmente comer a maçã, como qualquer um provavelmente faria, buscou uma estrutura de análise própria, identificou a relação do objeto com o fato de cair e notou que havia uma natural atração por um outro objeto maior: a Terra. Retirou os elementos iniciais do processo – a maçã, a árvore e o gramado – do texto apresentado e identificou a informação relevante.

Utilizando conhecimentos próprios e formas específicas de associação, Newton armazenou essa idéia para posterior recuperação.

No momento adequado, que pode ter sido até um milésimo de segundo depois (não importa quando, e sim o passo do processo), buscou em seus bancos de memória essa e demais informações que pareciam associáveis. Seus mecanismos lógicos de estruturação trabalharam, certamente por tentativa e erro, até que conseguiu estruturar essa informação com algumas das demais recuperadas.

Chegando a hora de expressar sua conceituação, escolheu uma linguagem formalizada e expressou $F = \text{k} \times \text{ml} \times \text{m}^2/\text{d}^2$. Um novo texto complexo tornou-se disponível para o mundo da ciência.

Quanto à abordagem científica, como no caso, existem formas tradicionais de verificação da verdade. Quando o texto sai da conotação científica, sua avaliação certamente revela-se mais complexa. Porém o exemplo trouxe um item complementar muito importante. O texto sofreu três manipulações adicionais, após ter sido identificada a informação relevante, caracterizadas por seleções efetuadas pelo sujeito:

1. Seleção de informações correlatas, de modo a, com elas, poder ser estabelecido um sentido, pelo uso de mecanismos de identificação.
2. Seleção da estrutura articulada que as correlaciona, de modo a estabelecer uma coerência global, pelo uso de estruturas lógicas internas.
3. Seleção da linguagem, de modo a melhor expressar o conceito apresentado, pelo uso de estruturas lógicas como referência.

Tal comprovação já fornece uma nova variável para a metodologia que se pretende procurar. Se for considerado o aspecto da intencionalidade, de forma que a mensagem possua um objetivo para o emissor, o receptor, ao ler, necessita ter algumas preocupações. Vamos trafegar por essas preocupações.

Atenção para a possibilidade de seleção tendenciosa de variáveis

A descrição anterior parte do pressuposto de que as variáveis teoricamente possuem um conjunto ideal completo que foi buscado pelo analista. Na vida prática, há um conjunto às vezes de muito maior complexidade.

Nesse caso, o número de variáveis que cercam um fenômeno é muito grande e, portanto, de identificação bastante difícil. Ora, a apreensão desse fenômeno por um sujeito implica uma natural seleção de variáveis que dependem da visão totalizante do indivíduo. Por outro lado, algumas variáveis, ainda que presentes, possuem pouco significado para a compreensão do fenômeno. O perigo está quando essa seleção é mal feita, ou seja, torna-se incompleta. O problema será ainda maior quando essa seleção incompleta é proposital.

Atenção para a coerência interna do texto

Esse é outro fator fundamental na leitura de um texto. Frases às vezes são ditas com raro estilo e beleza estética, mas, ao serem analisadas em conjunto, ou melhor, ao serem articuladas, denotam incoerência interna significativa. A análise lógica dos textos é de valia fundamental.

Revela-se bastante comum a falácia de afirmar o conseqüente e o leitor tomá-lo como válido. Em termos bem diretos, observe-se a proposição: todo caqui maduro é vermelho. Só existe uma conseqüência lógica: identificar que, se algo não for vermelho, não pode ser caqui maduro – e nunca a afirmação do conseqüente, como: essa fruta é vermelha, logo é caqui.

Outros erros lógicos são intencionalmente cometidos com vistas a iludir o sujeito. Alguns simples como o do exemplo, outros mais sofisticados. De qualquer modo, identificar as associações lógicas é obrigatório para uma leitura eficaz.

Cuidado com a linguagem

Como visto anteriormente, o emissor da mensagem busca encontrar, dentro de seu aparato lingüístico, uma forma adequada de melhor *comunicar-se* com seu interlocutor. No caso mais amplo, uma forma de induzir o interlocutor a agir de acordo com os interesses e objetivos do emissor. No caso mais abrangente, seleções adicionais são realizadas, buscando dotar o texto de uma forma que manipule mais efetivamente o desejo do leitor em direção a um objetivo predeterminado.

Um exemplo ilustrativo é o utilizado pelos que fazem manchetes de jornal. Em primeiro lugar, deve-se entender que o objetivo em tela é atrair interessados no jornal para manter o ritmo de vendas. Claro que o periódico que tiver as informações mais confiáveis deverá vender mais; todavia, em linhas gerais, à exceção de furos de reportagem, a forma com que a informação foi preparada, a seleção dos vocábulos e sua articulação podem vender mais ainda.

Um exemplo notável pôde ser verificado há algum tempo, mas o fato em si continua atual, em um jornal especializado em desportos, do Rio de Janeiro. O princípio utilizado pelos redatores passa por uma constatação objetiva: após a rodada de um fim de semana, torna-se natural a retração de compra do jornal por um torcedor do Vasco da Gama, por exemplo, se seu time tiver perdido. No sentido contrário, haverá uma demanda maior por parte dos tricolores, botafoguenses ou rubro-negros, caso seus times sejam vitoriosos ou tenham empatado.

O caso foi mais ou menos assim: em um determinado campeonato brasileiro, o Vasco, o Flamengo e o Fluminense perderam em seus domínios, e "feio", como se diz no jargão esportivo. Pois bem, o Botafogo havia sido derrotado no Rio Grande do Sul pelo Grêmio de Futebol Porto-alegrense. Como atrair usuário para o jornal de segunda-feira?

A solução encontrada foi investir no torcedor botafoguense. E a manchete principal foi: "Grêmio sua para vencer Botafogo." Com isso, buscava o redator inverter a lógica do texto, pois, na realidade, o Botafogo também havia perdido. O uso da palavra "sua" demonstrava que a vi-

94   Capítulo Três

tória do adversário foi muito difícil, insinuando para o torcedor que seu time atuou bem.

Longe de querer tirar o romantismo dessa criatividade jornalística, pois o esporte explora a paixão, o que se busca é ilustrar como a informação bem embalada, ou seja, como um presente, dotada de um bom invólucro, atinge o receptor de forma diferente e, a partir da intencionalidade do emissor, pode modificar um objetivo deste último.

O que se percebe com certa facilidade é a máxima atribuída a McLuhan: "A informação está na forma e não no conteúdo."

Tal fato é a base sobre a qual se busca complementar a metodologia que se vem até agora construindo. O entendimento que se tem é de que se constrói uma roupagem lingüística de tal modo que a verdadeira informação oculta acaba por atingir em cheio as estruturas inconscientes do emissor, gerando-lhe um desejo e, conseqüentemente, a demanda, no caso de bens e serviços, ou a adesão a uma idéia ou posição, no caso de uma tomada de decisão de cunho mais complexo no ambiente empresarial, no campo político e nas esferas econômica e cultural.

Desse modo, é fundamental que se entenda que existem duas formas de realizar essa roupagem:

- uma no aspecto semântico / sintático, pela seleção e uso dos vocábulos e pela forma de falar (questões de retórica); e
- outra na indução do leitor a uma postura, através de armadilhas lingüísticas no próprio texto (questões de psicologia).

Primeiro caso: questões de retórica

Três são os artifícios mais utilizados:

1. *Reforço.* Busca da sobredeterminação da informação a ser passada, pela repetição hábil, feita de várias formas, de modo que o leitor acabe incorporando ao seu inconsciente, por repetição, a mensagem enviada. Palavra-chave: redundância.

2. *Ênfase.* Destaque permanente, dentro de um texto mais complexo, de algumas idéias-mestras. Em conseqüência, o emissor acaba por desqualificar, por oposição, as demais idéias. Palavra-chave: assimetria.

3. *Qualificação seletiva.* Em que afirmações positivas são realizadas para algumas idéias e descuidadamente confrontadas com outras

sobre as quais nada se afirma, ou que se comentam negativamente. De novo, essa avaliação qualitativa subliminar tende a ser incorporada pelo sujeito e a definir um posicionamento do receptor da forma planejada pelo emissor. Palavra-chave: julgamento de valor.

Desses três itens, surgem três passos adicionais para a metodologia procurada:

Atenção para a redundância do discurso
Busque identificar a repetitividade de informações similares, procurando eliminá-las de modo a deixar o texto básico visível. Trata-se de uma técnica tradicional.

Os célebres textos da Teoria da Informação desenvolvida por Claude Shannon a partir do artigo "The mathematical theory of communication", publicado no *Bell System Journal,* em 1948, separam claramente informação de redundância, procurando, por meio de tratamento matemático, identificar essas variáveis.

Atenção para a assimetria do discurso
Procure identificar os destaques colocados em termos sistemáticos, de modo a desequilibrar o texto, gerando formas privilegiadas de abordagem. Enquanto a abordagem da redundância pode ter alguma forma de tratamento automática, a assimetria precisa de uma ação consciente do receptor para sua identificação. Frases do tipo "força aérea de Israel ataca grupos palestinos" são exemplos típicos dessa assimetria, caracterizando, em um pequeno texto, o aspecto organizado de um grupo em confronto com a desorganização clara do outro.

O prosseguimento da identificação desses pontos realimenta o processo inicial de identificação do emissor, gerando mais crítica no texto em uma segunda leitura.

Atenção para o julgamento de valor
Procure eliminar as expressões que, direta ou indiretamente, qualifiquem argumentos em prol de uma idéia em detrimento de outra. Importante não eliminar os argumentos, mas as afirmações do tipo melhor/pior, bom/ruim e outras oposições semelhantes, diretas ou indiretas. O exemplo apresentado, "Grêmio sua para ganhar do Botafogo", é típico de julgamento de valor, com qualificação indireta do elemento

96   Capítulo Três

a ser inconscientemente ressaltado – no caso, o fato de o Botafogo ter jogado bem.

Segundo caso: aspectos psicológicos

Até agora, o emissor apenas fez uso da arrumação inteligente do texto, de forma a embalá-lo para presente. Agora será levantado o uso, em última análise, de uma psicologia de vendas na elaboração da mensagem enviada.

Atenção para a incompletude intencional

Trata-se de uma variação do uso incompleto das informações. Caracteriza-se pelo hábil balizamento parcial da estrutura, deixando que o receptor a complete naturalmente. Ora, o efeito psicológico do encontro da brecha, conduzido pelo discurso, cria o clima conhecido como *tornar o receptor parte da solução e não mais do problema*. Trata-se de algo do tipo:

"O senhor já viu quanta poeira se impregna nas partes internas de um veículo?"

"O senhor percebe a dificuldade de levar um trambolho de um aspirador de pó grande e desajeitado de seu apartamento para a garagem?"

"O senhor já viu quantas coisas podem ser ligadas no isqueiro de seu carro?"

Pronto! Mentalmente, o receptor construiu um aspirador pequeno, leve, esteticamente bonito e conectável ao isqueiro do carro. Já se tornou parceiro da solução, ainda que devesse, segundo Woody Allen, parar para questionar: a solução foi encontrada, mas qual era mesmo o problema?

Cuidado com o argumento de autoridade

É a diminuição do emissor diante de uma sumidade. Trata-se do uso, aparentemente inocente, do testemunho de um personagem conhecido.

Na esfera empresarial, complementa-se com a citação de cartas, avisos e memorandos que condicionam e restringem psicologicamente a ação do receptor. São do tipo: "As estatísticas demonstram que no mundo houve um aumento da renda *per capita* nos últimos anos; logo, a alegação de desemprego revela-se infundada". Essa frase, na realidade, está cheia de artifícios, a saber:

- primeiro, o que interessa mais para ilustrar o presente caso – as estatísticas – ser impessoal e autoridade máxima inquestionável;
- segundo, uma omissão de informação: houve um aumento da concentração de renda no quartil superior da curva do pessoal economicamente ativo; e
- terceiro, um de natureza lógica: o aumenta da renda *per capita* não necessariamente implica aumento ou diminuição de emprego.

Cuidado com os mecanismos de manutenção do canal aberto

Baseia-se na tese de que uma venda se torna mais fácil quanto maior a intimidade entre vendedor e comprador. Assim, artifícios lingüísticos podem ser montados, do tipo:

"Dado o objetivo do presente trabalho deixamos de anexar a curva de demanda reprimida do serviço X; todavia, estamos à sua disposição para um aprofundamento do tema." Outra, mais sutil: cita-se um anexo chamativo e "esquece-se" de anexá-lo ao relatório, o que obriga o decisor a dialogar com o emissor.

Cuidado com a indução ao limite cultural

É uma segunda forma de apequenar o receptor. O emissor busca identificar os limites culturais do receptor e trabalha na fronteira desse limite, fazendo ligeiras incursões para além dele de forma didática, de modo a, aos poucos, ganhar superioridade situacional sobre o receptor. A partir daí, o reforço estratégico desse tipo de assimetria acaba por gerar uma relação de dominação.

A estratégia de desmontagem consiste em eliminar informações dessa natureza, já que, em sua grande maioria, são meras redundâncias ou desvios do raciocínio principal. O conto *O homem que falava javanês*, de Lima Barreto, explora esse lado.

Nele, um espertalhão aparecia para ensinar javanês sem ter um pingo de noção do que se tratava, mas aplicava sobre um livro, escrito em javanês, sua criatividade, e durante muito tempo, alegando que as dificuldades intrínsecas da língua tornavam muito difícil aprendê-la, deleitou seus alunos com belíssimos trechos supostamente extraídos do livro.

Sua fama foi tão grande que foi designado para trabalhar na diplomacia internacional por suas habilidades lingüísticas. Certamente, o javanês ilustra o outro lado da fronteira cultural e o perigo associado à sua manipulação por alguém.

Cuidado com a informação subjacente

Trata-se do uso da conotação como forma de induzir o receptor a capturar uma informação inocente, mas que, na realidade, remete ao subconsciente uma segunda informação, mais profunda e séria.

Exemplos são vistos em frases do tipo: "no Brasil, uma lei dificilmente pega", ou "o bom é levar vantagem em tudo". São expressões que, tomadas como sintomas para elaboração de uma diagnose e de um tratamento, são extremamente válidas. Contudo, absorvidas naturalmente como um componente cultural, geram interpretações mais profundas, tais como:

> "se uma lei pode não pegar, o normal será não respeitar as leis"; "se o bom é levar vantagem em tudo, os limites dos direitos individuais são flexíveis e, portanto, superáveis".

Aí está, de forma sintética, uma metodologia de abordagem do discurso que, em resumo, didaticamente, passa pelos seguintes passos:

- Identificação e análise preliminar do perfil do emissor.
- Identificação das variáveis selecionadas e verificação de sua completude.
- Análise da coerência interna do discurso.
- Análise cuidadosa da linguagem utilizada.

Como se infere do comentário, inicial tomando por base Guarany e Bentz, a leitura é uma reprodução individual. Trata-se de uma arte; portanto, toda metodologia de desmonte do discurso só pode ser orientadora.

A visão do mundo a partir do que se lê não deve se acomodar ao conhecimento e à vivência do emissor da informação. O conhecimento prévio do seu perfil serve como um modo de alerta contra ideologias e posições preestabelecidas.

De qualquer modo, com a retirada da embalagem, o que se busca fazer está congruente com a idéia de identificar, dentro de um mar de artifícios naturais e intencionais, a informação relevante a partir da realidade do receptor.

Essa interpretação encontra nos autores citados importante afirmação, quando definem que a reprodução de um texto deve ser feita de acordo com as vivências profundas do leitor.

Logo, uma metodologia de leitura não poderia ignorar a componente vivencial de cada um, porque, mesmo se tentasse não a respeitar, ela se manifestaria inexoravelmente.

Repisa-se o caráter balizador da metodologia e a ênfase na necessidade de um esforço dos gestores para realizar suas próprias leituras dos textos, sejam eles escritos sobre papel ou figurados a partir das diversas formas expressivas da realidade.

Apresentou-se assim uma metodologia de desmonte do texto na busca da identificação de invariantes estruturais pela eliminação de componentes acessórios. Agora, o receptor necessita construir sua própria leitura. Portanto, mais alguns passos metodológicos se fazem necessários.

Assim, após identificar a informação ou informações relevantes ou notáveis, cabe-lhe seguir os passos de qualquer emissor de informação:

- Identificar e selecionar informações correlatas. Efetivar um esforço de encontrar nos arquivos, tanto de memória quanto das bases disponíveis, informações compatíveis que permitam articular e, conseqüentemente, integrar o complexo informativo.
- Construir uma estrutura articulada com as informações selecionadas. Esforço criativo de efetivamente articular e integrar as informações selecionadas, de modo que estas formem um todo coerente e completo. Nesse processo, haverá uma natural seleção de variáveis. Como toda seleção pressupõe uma exclusão, cuidados especiais deverão ser tomados no sentido de avaliar a significância das variáveis excluídas e a completude prática do modelo construído.
- Expressão do conceito final. Caracteriza-se como o processo de seleção da linguagem e da reconstrução do texto, a partir de seu referencial. Aqui se apresenta de forma cristalina o que Guarany e Bentz afirmam na página 91 de seu livro:

> "Trata-se de reproduzir o texto de acordo com nossas vivências profundas. Em termos de conotação, cada sensibilidade achará os elementos que sua produtividade é capaz de encontrar, visto que tudo aquilo que eu sei do mundo, só o sei a partir de uma visão minha, de uma experiência pessoal do mundo e sem a qual os símbolos, em si e por si, nada querem dizer."

- Classificar e armazenar o texto produzido. Trata-se da realimentação do sistema informativo. A importância enorme de construir referências práticas que possibilitem a recuperação do texto e a reintrodução de suas variáveis relevantes em novas estruturas interpretativas do mundo.

Aí está o processo global de desmontagem do discurso. Como se observa, com ele, fazer a leitura do texto adquire uma conotação ampla, no sentido de ser capaz de ler o mundo, identificar debaixo das embalagens as informações que valem para si e para a organização.

Destaque-se que esse processo também serve para leituras tópicas e conjunturais ainda que aqui tenha sido apresentado para subsidiar aquele que quer atuar estrategicamente, já que a metodologia de leitura permite realizar outras leituras de natureza estrutural, que levam o decisor a identificar cenários, perceber mudanças, avaliar impactos tecnológicos, enfim, como observado, reelaborar o discurso sobre o mundo de modo crítico e permanentemente.

CAPÍTULO 4

Bases para a Construção de uma Metodologia

4.1 ESTRATÉGIAS – VANTAGENS E DESVANTAGENS

De tudo o que foi abordado até agora, ficou claro que existem duas abordagens que se complementam:

- a primeira, de fundo intuitivo, parte do processamento, pelo gestor, tanto das informações recebidas quanto daquelas dominadas, de modo a que um cenário se forme projetivamente, acenando com uma nova perspectiva, ou, ainda que a perspectiva seja a mesma, que novas facetas do fato analisado surjam como uma realidade possível de acontecer;

- a segunda, de fundo dedutivo, que, em tese, regula a primeira e se aplica para conferir e analisar as conclusões acerca do todo observado, de modo a que uma estratégia analítica seja aplicada e a consistência, a coerência e a completude do fato sob análise sejam testadas; a partir daí, desestruturações e reestruturações precisam ser feitas para que uma estrutura possa emergir e dê o sentido e a direção corretos para a tomada de decisão do gestor.

Poderíamos aqui debater horas e não chegar a uma solução comum, se alinhavarmos o que seria melhor: começar pelo método indutivo, sin-

102   Capítulo Quatro

tético por natureza, ou pelo dedutivo, de características analíticas por definição. Afinal, o que vem primeiro, o ovo ou a galinha? Ainda que desfilemos argumentos favoráveis à impossibilidade de a visão totalizante começar do todo para a parte, como fizemos no início destas notas, a realidade é que um todo sempre estará presente para o observador, e, portanto, temos que partir dele, ainda que de modo incompleto, provisório e carente de uma ação do gestor que o complemente dado seus objetivos como gestor.

Por convenção, e pelos motivos complementares que ficarão claros mais à frente, nossa forma de abordar parte da concepção de que o processo inicial é indutivo, ou seja, o todo observado já é fruto da ação intuitiva do observador.

O que queremos dizer é que a informação que flui do fato perturbador é percebida pelo gestor já como causadora de uma sensação de desconforto/conforto na observação da realidade, conforto/desconforto esses provocados pelo objeto (realidade-fato) perturbador observado.

O que ele observa é surpreendentemente único, e nada mais é que fruto de sua intuição de que algo vai mudar, de que vai permanecer como está, ou, melhor, o que parece vir-a-ser, algo que deve ocorrer de um determinado modo e não de outro.

Claro que a múltipla abordagem é uma solução conveniente, já que ambas possuem facetas importantes. Assim, é conveniente destacar:

- a primeira supera os limites espaço-temporais pela projeção intuitiva de variáveis cujas articulações nem sempre estão muito precisas;
- a segunda identifica as impropriedades, as lacunas e as omissões e desnuda a necessidade de revisão das projeções realizadas, segundo ações formais e sistematizadas. O processo de regulagem entre os dois enfoques é que dá um efetivo respaldo à construção de uma visão totalizante;
- por outro lado, pode-se afirmar que os próprios elementos selecionados para formar uma visão intuitiva tendem a ser um produto de uma abordagem analítica de um todo, o que permitiu identificar as partes agora tomadas como capazes de gerar uma projeção de um objeto no tempo e no espaço;
- pode-se pensar o mesmo, e o círculo de nossa argumentação se fecha sobre si próprio, quando se aceita que o próprio objeto analisado de-

dutivamente também pode ser visto como um construto derivado de modelos, visões, articulações das idéias do próprio analista quando se defronta com um desafio à sua tarefa de gestão.

Diante dessa forma estruturada de ver as coisas, e por analogia com um *cluster* ideológico, seria importante que se desenvolvesse uma espécie de um mito de criação para que uma estrutura que, como percebemos, não pode ter início e fim, no sentido literal da palavra, ganhe um processo metodológico de desvelamento para que o gestor perceba as sutilezas que estão por trás da chamada visão totalizante em ação.

Lembramos que todos os modelos e reflexões realizados até aqui são análogos àqueles brinquedos infantis com um conjunto de peças que parecem não ter sentido entre si e que, com criatividade, intuição e competência se transformam em modelos de aviões, animais, pessoas, construções, e tudo que se conseguir criar.

Em outras palavras, tudo o que foi falado até este momento foi uma forma de apresentar as peças. De agora em diante, o que vem caracteriza-se como princípios básicos para ligá-las e conceitos por trás do processo de interligação. Por conseguinte, antes de mostrarmos a metodologia de abordagem, vamos fixar bem as bases sobre as quais elas se sustentam. O objetivo nesse instante é auxiliar na fundamentação, por parte do leitor, dos princípios que norteiam cada enfoque metodológico, já que ambos serão sempre usados, como propomos, como reguladores entre si para que um quadro da realidade seja construído.

4.1.1 Metodologias de Análise

4.1.1.1 Enfoque sintético-indutivo

Vamos tecer alguns comentários sobre esse enfoque. Em primeiro lugar, é importante ratificar que ele se revela como fruto de um processamento inconsciente das informações, sem que a causa principal esteja clara. Ou seja, o conjunto de informações e conhecimentos dominados aponta para uma direção, no fim da qual um objeto[18] se forma pela articulação dos

---

[18] A palavra objeto é aqui considerada um termo genérico que visa a caracterizar aquilo que o gestor identifica como relevante a partir de uma observação de qualquer fato, situação, texto etc., enfim, o alvo estratégico, uma ruptura estrutural do conhecimento, uma tendência social etc.

diversos elementos tomados em consideração, em grande parte inconscientemente, como relevantes.

Em segundo lugar, o processamento das informações segue um roteiro simples e que se constrói como produto de um exercício intelectual que vai de dentro para fora e faz com que um objeto seja idealizado.

Para que isso ocorra, mobilizam-se algumas atividades, a saber:

a. Projeção do objeto no tempo

O indivíduo nesse instante realiza uma operação mental, uma verdadeira balística intelectual, que articula e projeta no tempo os elementos componentes de um objeto em perspectiva. Em outras palavras, e de maneira articulada, algo como um ajustamento intelectual das diversas lentes e filtros de observação. Esse ajustamento faz com que o objeto projetado surja como uma possibilidade identificável no tempo e no espaço.

Esse tipo de processo é o que gera cenários futuros, de modo similar ao raciocínio que provavelmente Toffler utilizou quando escreveu *A Terceira Onda* ou o de Naisbitt quando elaborou suas *Megatendências*. Em suma: o observador percebeu tendências e desestruturações e visualizou um cenário possível de ser perseguido.

b. Construindo um objeto

Com certa facilidade, pode-se entender que, como conseqüência da projeção intelectual dos aspectos componentes de um objeto complexo no tempo, e como destacamos, tendo usado seu senso de balística, o final desse exercício ocorre pela articulação desses aspectos, ou seja, a montagem dos diversos elementos projetados de modo a que o produto final faça sentido.

Como sugere Peter Schwartz, nesse instante, como contrapartida necessária do processo de identificação de um objeto relevante, simbolicamente, são selecionados vocábulos que se compõem de modo a que se construa um enredo que obrigatoriamente fornece um sentido amplo aos diversos personagens, elementos e relações cujas pistas foram identificadas. Essa fase articula três atividades: balística, coerência expressiva e o que liga os elementos identificados, o senso de conectividade.

c. Retomando a complexidade – questão de conectividade

Até agora, o objeto projetado ainda está dentro dos limites de uma complexidade mínima. Todavia, é fundamental que o objeto projetado se insira na realidade.

Em outras palavras, não basta demonstrar solidez por estar convenientemente conectado internamente; ao se configurar como uma realidade, provável e possível, deflagrará uma reação em cadeia com o todo que o cerca. Naturalmente, surgirá um conjunto de conectividades externas que provocará outras conectividades, influindo em um conjunto muito maior que o fator estratégico projetado.

Lembre-se de que todo cenário projetado que gera descontinuidades tende a se configurar como um agente de perturbação. Aliás, um grande erro dos planejadores estratégicos reside na atitude de apenas se preocuparem com o objeto projetado e se esquecerem de que eles estarão conectados a muitos outros.

Para fixar melhor a idéia, ilustremos com casos, que chocam, mas que se configuram como uma realidade vivida e que demonstram a falta da retomada da complexidade pelo gestor.

Tais casos são aqueles relacionados a saneamento, vacinas, ou toda e qualquer ação estratégica que muda um quadro de morte precoce, por exemplo.

Uma projeção simplista no tempo apontará para um cenário ideal de melhor qualidade de vida no futuro. Raciocínio falho se não se retomar na origem a complexidade que cerca a manutenção dos jovens que chegarão a essa idade por superarem a morte precoce.

Só para citar alguns fatos conexos, vamos destacar: vagas nas escolas, alimentação, renda, leitos nos hospitais para doenças em idades maiores, e bem na frente, mas cujo equacionamento precisa começar no momento da percepção e da primeira ação: sustentabilidade do impacto dessa leva de pessoas na terceira idade.

d. Apresentando o resultado – questão de representação, integração e argumentação

Trata-se do momento de representar de modo ilustrativo a nova realidade e suas redes de conexão, demonstrar como elas se integram entre si e com os outros fatos da realidade a ser vivida.

Esse é o instante reservado para argumentar de modo coerente e consistente sobre os prós e os contras da estratégia identificada e mostrar os limites atingíveis pelo todo apresentado.

São os passos básicos de um processo sintético-indutivo, ou, parodiando Schwartz, na contracapa de seu livro: "um caminho para um insight

106 **Capítulo Quatro**

estratégico."[19] Convém destacar que há um tênue limite entre um cenário prospectivo válido e uma ideologia. Repare que a diferença reside na superação do foco interno fechado e resistente às argumentações externas.

O cenário projetado não-ideológico livra-se dessa hipótese ao se demonstrar conexo com a realidade a ser vivida. Não se trata de uma ilha de conceitos, regras, hábitos e atitudes etc. Trata-se, isso sim, de uma perspectiva original coerente com os demais fatos, ou seja, ele se projeta no futuro a partir das conexões válidas com os fatos que indicam possibilidades de rompimento de tendências e com os fatos que indicam continuidades, não se caracterizando absolutamente como uma projeção sem respaldo da realidade.

4.1.1.2 O enfoque analítico-dedutivo

Essa etapa do processo parte do objeto, resultado da projeção intelectual, ou de um objeto, dado pela decomposição das suas unidades componentes, e busca perceber suas incoerências e inconsistências diante da realidade.

Um exemplo direto pode ser visto pela percepção de fatos simples, como o aumento de pessoas em nível de miséria é elevado e tende a crescer, ou outro fato equivalente.

Ainda que a estrutura social sustente essa possibilidade, o acúmulo de forças ocultas, relações estruturais como já vimos nas estratégias analíticas, que pressionam a realidade, tende a provocar um processo que tanto pode explodir como implodir as estruturas que sustentam a sociedade.

Essa percepção dos caminhos da ruptura de uma estrutura, pela impossibilidade de manutenção das relações que hoje a sustentam, é o caminho investigatório desse tipo de processo. Suas principais etapas são:

a. Desconectando um objeto do contexto – superando as armadilhas

Em primeiro lugar, a mera aceitação de um espaço, como condição de contorno obrigatória para que o fato se efetive, pode gerar limitações no

---

[19] Schwartz, P. *A Arte da Visão de Longo Prazo: caminhos para um insight estratégico para você e a sua empresa.*

processo de busca de uma solução adequada aos próprios limites espaciais aceitos como tais pelo analista.

Em nosso livro *Visão Estratégica* (2004), destacamos que ver além dos fatos seria a frase emblemática que simboliza a busca de uma visão totalizante. Vamos entender as armadilhas que podem condicionar nossa percepção.

Talvez o emblema destacado soe um pouco desconfortável, principalmente para aqueles que possuem formação oriunda das ciências exatas, com paixão pela matemática, certamente. Para esses parece ser impossível que possa existir algo além dos fatos.

Na realidade, para esses, no qual nos incluíamos no passado, todo problema bem-formulado sempre possui todos os dados necessários para sua solução. Logo, não parece sensato procurar fora do espaço. Por mais incrível que pareça, a própria representação dessa preocupação fornece a solução: procurar fora do espaço. Expliquemos melhor.

Ainda que todos tenhamos a impressão de que o espaço é ilimitado, todo espaço no qual se efetiva uma observação é necessariamente limitado.

Assim, quando nos referimos ao espaço de possibilidades de alguma coisa, estamos estabelecendo fronteiras claras entre o que enfocamos (a coisa) e os limites de sua atuação (quando se choca com – ou se torna desprezível diante de – outras coisas).

Essa limitação intrínseca aos fenômenos do dia-a-dia – de cunho eminentemente operacional e, na melhor das hipóteses, tático – é que faz com que todos reajam a frases aparentemente poéticas, do tipo "ver além dos fatos".

Outra prisão com a qual todos nos conformamos é a prisão do tempo. Acostumados à linearidade temporal, facilmente visível, pela qual o início de um dia pode ser entendido como um incremento infinitesimal do final do anterior, temos a confortável sensação de continuidade e a impressão de que o futuro é apenas uma projeção também linear do passado, com uma breve escala no presente.

Na realidade, ver estrategicamente, ou de uma perspectiva totalizante, pressupõe dois comportamentos pouco naturais: livrar-se das limitações do espaço e romper com a linearidade temporal.

Um célebre problema geométrico ilustra bem as armadilhas da limitação espacial. Coloquemos nove pontos dispostos em três filas de três.

O desafio reside em: começando de onde você quiser, sem tirar a ponta do lápis do papel, unir todos os pontos com quatro semi-retas (Figura 4.1).

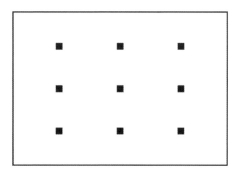

Figura 4.1

Ainda que você conheça a solução, siga o nosso raciocínio.

1. A armadilha do espaço foi montada:

   A primeira reação sua é reduzir o espaço de possibilidades da solução aos limites internos do quadrado formado pelos nove pontos.

2. A segunda sensação é de que não há solução:

   Claro, aprisionado na armadilha do espaço, você está restrito a uma atividade meramente operacional; nem taticamente você consegue atuar para atingir seus objetivos.

3. Começando a ver além dos fatos:

   Imagine que o espaço não o está limitando e, portanto, possa continuar existindo além do quadrado, e que os pontos são apenas partes de uma estrutura maior, não necessariamente o quadrado que você aceitou em sua cabeça.

4. Resolvendo o problema:

   a. vamos começar com o primeiro ponto em cima à esquerda: por ele, baixemos uma linha vertical que passe pelos dois outros pontos – mas não vamos parar aí;

   b. continuemos, até perceber uma possibilidade de mudar a direção do lápis, de modo a unir o último ponto vertical do meio do quadrado com o segundo vertical da linha vertical da direita: trace a semi-reta – não vamos parar aí também;

   c. vamos até um ponto virtual, de onde conseguiremos passar uma semi-reta de modo a incluir os dois pontos da linha horizontal superior e o vértice – paremos no vértice;

d. Agora, basta traçarmos a quarta semi-reta que une os dois pontos que faltavam (veja Figura 4.2).

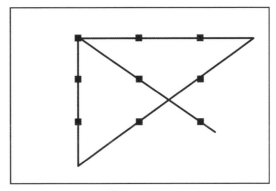

FIGURA 4.2

Como você pode observar, ilustramos a primeira condição necessária porém não suficiente para construir uma visão estratégica; por ora o que está colocado é suficiente, ainda que pretendamos nos ater um pouco mais adiante a esse posicionamento.

Anote isto:

coisas esteticamente arrumadas tendem a tolher nossa visão estratégica.

Claro que a ilustração da armadilha do tempo tende a ser mais discursiva, já que não inclui com facilidade recursos da representação geométrica inerente ao espaço. Mas, por incrível que pareça, é mais fácil de ser visualizada. Deixem-nos contar uma história.

Aproxima-se o fim do ano, as empresas de turismo e de aviação organizam-se para aproveitar a chamado *boom* natalino. Pacotes turísticos são organizados, viagens para o exterior são programadas, seguindo-se a tendência dos anos anteriores. O setor turístico vive a euforia do período, empregos temporários são orçados e... de repente, aviões terroristas põem abaixo as torres do World Trade Center.

Duas conseqüências ocorrem quase imediatamente: uma baixa incontornável no turismo e o desemprego e a falência na área. Por outro lado, surge um novo viés: incrementa-se o turismo doméstico.

Claro que o impacto do inesperado foi dramático. Mas a armadilha do tempo é essa. No caso em questão, era pouco provável prever-se o que iria ocorrer; em outros, não.

110   **Capítulo Quatro**

Em muitos casos, aparece como possível a previsão de movimentos de modo antecipado e capaz de garantir uma vantagem para quem os percebe. A palavra-chave nesse contexto é antecipação.

Em termos práticos, o observador atento que possui a percepção estratégica sabe que a linearidade temporal é falaciosa.

Em linhas gerais, os sistemas constituídos a partir de relações, sempre que essas começam a se modificar, são forçados a se ajustar pelos homens que constroem seus modelos pelos paradigmas vigentes e a se retorcer para se ajustarem a falsas realidades.

Quando surge o momento da ruptura, que se constitui uma surpresa, o que era válido em um instante anterior no instante seguinte, mesmo que por uma diferença infinitesimalmente pequena, deixa de existir, rompe-se, fragmenta-se, e dá lugar a novos paradigmas. Assim ocorreu com as formas de ver o mundo, e sempre será.

Anote isto:

toda continuidade está simplesmente à espera de uma ruptura.

A conectividade situacional é a terceira armadilha. A "forçada de barra", para fazer com que um fato relevante se articule com uma realidade consolidada de modo a que a entrada do novo fato mantenha intacta a realidade anterior, gera o que costumamos chamar de conectividade situacional. Algo como uma reação causa e efeito, mas que na realidade é uma conexão forçada entre um fato e a justificativa de reação que se pretende validar.

Essa forma de armadilha aproveita-se do suposto de que a falta de sentido de um discurso ou de um acontecimento causa um certo desconforto ao receptor da mensagem.

Nesse instante, você se defronta com um dilema: ou aceita o fato como tópico ou se convence de que há uma conexão que dá sentido ao fato ocorrido. O problema é que a armadilha existe quando por ansiedade você aceita qualquer sentido. Entenda que um bom discurso pode convencer, ainda que soe coerente, mas pode ser falso. Duas verdades fluem da percepção dessa armadilha. São elas:

Se algo não faz sentido, esteja certo, faz sentido, você é que
está abordando do lado errado.

Não é porque você está desconfortável com a possibilidade
de encontrar um sentido que você deve aceitar
qualquer um, nem tomá-lo como justificativa.

Lembre-se de que o discurso ideológico fornece comportamentos perfeitamente sintonizados com a ideologia; o importante é, pois, saber que existe um sentido, mas a conectividade do fato com os demais precisa sempre ser pensada e analisada com muito cuidado.

Em resumo, dado um fato observado, nosso objeto de análise, o gestor necessita perceber que existem pelo menos três armadilhas montadas pelas condições espaço-temporais que condicionam o fato pela própria condição de sua inserção no contexto da realidade vivida:

- A armadilha do espaço
- A armadilha do tempo
- A armadilha da conectividade situacional

Todavia, sua ação de desestruturação não pode parar por aí. Ainda que o processo perceptivo seja muito complexo, podem-se isolar dois elementos contrastantes que caracterizam o posicionamento das pessoas quando percebem algo. Sem nomes melhores, nós os rotularíamos de atitude contemplativa e atitude proativa.

- No primeiro caso, o indivíduo se porta como um acumulador de energia, que simplesmente acumula fatos, os utiliza até com eficiência, mas não introduz nada de novo no que foi apresentado.
- No segundo caso, o indivíduo interage efetivamente com o objeto percebido, radiografa-o, figurativamente falando, identifica suas partes componentes, checa a lógica interna desses mesmos componentes, introduz novas variáveis e, no final, percebe o fato em toda a sua complexidade, só que então ele estará enriquecido por sua própria contribuição pessoal.

A atitude estratégica totalizante é eminentemente proativa. Ou seja, para se livrar das armadilhas do espaço, do tempo e da conectividade situacional, o indivíduo precisa se acostumar, como dissemos no início, a ver além dos fatos; e fatos bem apresentados possuem estruturas internas com forte relacionamento de seus elementos, que às vezes iludem e condicionam o raciocínio do observador desavisado.

A capacidade de utilizar atributos mentais para perceber a estrutura vigente, seus pontos fracos, suas lacunas, e antever a estrutura que a substituirá em um momento pós-ruptura – ou, em outras palavras, a propensão intrínseca a intelectualmente destruir e reconstruir –, é mais um componente da visão estratégica.

Até agora, identificamos que, independentemente das demais formas de observar ou perceber situações, a visão estratégica totalizante possui, na realidade, alguns preceitos que derivam das colocações anteriores e que poderiam ser assim sintetizados:

a. Possuir uma visão totalizante pressupõe saber se livrar das armadilhas do espaço. Em termos práticos, quem pensa estrategicamente deve se recusar a ser enquadrado; deve ter uma postura permanentemente contestadora diante do chamado quadro bem-formado, que não dá margem a fugas.

b. Possuir uma visão totalizante pressupõe questionar a linearidade. Toda projeção linear tem horizonte curto e pressupõe a continuidade; o segredo da percepção estratégica é identificar, antecipadamente, o momento da ruptura.

c. Possuir uma visão totalizante pressupõe questionar a conectividade apresentada, refletir sobre as relações causa-efeito e ter a ousadia de romper com fórmulas aparentemente bem-formadas.

d. Possuir uma visão totalizante pressupõe reestruturar. A ruptura do tempo e da conectividade se dará quando uma estrutura ruir e der lugar a uma nova. Não basta saber quando vai ruir; é necessário saber o que vai ser posto no lugar. Que o modelo econômico mundial vai ruir qualquer um percebe; saber quando vai ruir e qual será o novo modelo é o desafio.

b. A categorização e a classificação como arma

Uma das armas mais importantes para auxiliar na percepção de incoerências e inconsistências é a categorização.

Categorização é um instrumento da área da linguagem, utilizado em diversos campos do conhecimento, com destaque ao campo científico, que se caracteriza como a busca de uma estrutura correlata que possua uma relação biunívoca com cada elemento considerado na decomposição de um objeto sob análise, ou, eventualmente, com cada elemento de uma lista previamente apresentada.

Por exemplo, temos gatos, cachorros, golfinhos e patos. Uma estrutura classificatória tentativa poderia utilizar uma definição que caracteriza todos os elementos que a compõem como mamíferos. Observe que ela vale para os quatro primeiros, mas o quinto elemento não seria coerente com os atributos dos mamíferos, portanto a categorização seria útil para identificar o elemento estranho.

A obviedade dessa ilustração não se verifica por exemplo em certos discursos, quando uma retórica convincente pode burlar a percepção do analista, e usar a categorização pode ser de extrema utilidade. Do exposto, são as seguintes as possibilidades de uso da categorização, conforme Quadro 4.1.

QUADRO 4.1

Categorização escolhida	Classificação dos elementos	Ação a ser tomada
Categorização certa	Compatível	Confirmação da análise
	Incompatível	Rever elementos identificados
	Incompleta	Complementar elementos
Categorização incorreta	Coerência aparente	Rever princípios
	Imprópria	Rever elementos e categorias

c. Lacunas e impropriedades

Do Quadro 4.1, em que o quinto caso é apenas apresentado por uma questão de completude, já que uma categorização errada com elementos errados certamente não teria a mínima validade, os demais são importantes.

- Compatibilidade elementos-estrutura. Como observado no quadro, escolhida uma categorização e havendo uma perfeita correlação entre os pontos, no caso os elementos encontrados, de forma que se enquadrem sem omissões ou impropriedades no padrão classificatório escolhido, há uma elevada probabilidade de que a modelagem feita da realidade seja aplicável.

114 Capítulo Quatro

- Incompatibilidade de elementos. Por outro lado, se a categorização der a impressão de correta, há uma consistência na estrutura classificatória escolhida, mas os elementos não se enquadram, há uma grande possibilidade de que tenha uma escolha tendenciosa de elementos e que esses precisem ser refeitos.

- Incompletude de elementos. No mesmo caso de uma estrutura classificatória coerente, há uma importância maior quando há a identificação de uma estrutura classificatória bem-formada e faltam elementos para completá-la. Em outras palavras, você identificou lacunas, o que é de extrema valia na projeção de cenários e na decomposição do objeto analisado.

  Vamos exemplificar. Você encontra três elementos que se articulam de modo aparentemente conveniente, mas percebe que uma estrutura classificatória aplicável possui quatro espaços possíveis de serem completados. Há uma grande possibilidade de que o quarto elemento faltante seja o segredo da inovação conceitual sobre o tema.

  Um exemplo já utilizado nestas mesmas notas é o do modelo das duas faces de uma mesma moeda, no qual a dicotomia, que se sabe ser um estado empobrecido de uma visão trinitária, em que a noção de espaço está sendo sacrificada por uma visão linear, implica dois elementos que se opõem. A falta do terceiro elemento gera uma percepção distorcida da realidade. Essa diferença, se não for corrigida, não só anula o dinamismo inerente ao modelo de três elementos como pode gerar posicionamentos de oposição inadequados. A busca do terceiro elemento revela-se a única solução aplicável.

- Coerência aparente. A possibilidade restante diz da falha na construção da estrutura classificatória. De uma maneira simples, o encontro dos elementos que compõem a estrutura que busca emprestar sua articulação ao fato que está sob análise é falho. Ou seja, a estrutura escolhida como referencial para classificar os elementos do objeto analisado é falha, apesar de estranhamente os elementos do objeto se encaixarem perfeitamente no local dos pontos de classificação, e, com isso, as relações entre eles seguirem o mesmo padrão de articulação. Podem existir várias explicações para que isso ocorra; acreditamos que recaem os motivos fundamentais, a saber:

- Como toda estrutura se baseia em princípios, os fundamentos da estrutura classificatória podem ser falaciosos, ou verdadeiros de per si mas falaciosos quando articulados. Derivam dos chamados *clusters* ideológicos e portanto caracterizam estruturas fortemente articuladas, porém fechadas e avessas a críticas e, portanto, incapazes de evolução e de aplicação a outros contextos. Claro que se o fato analisado fosse o efeito comportamental de um grupo ideológico essa estrutura classificatória serviria como base para avaliar a possível resposta de um grupo ideológico a um estímulo interno. Todavia, seria de muito pouca valia se o objetivo fosse interpretar uma situação de modo a dela extrair a melhor resposta de uma sociedade a um estímulo.

- A segunda hipótese vem de um movimento inverso, a tentativa de estabelecer uma coerência em elementos que são incoerentes entre si, ou seja, o gestor é induzido a construir uma estrutura classificatória a partir dos elementos pela crença de que os elementos identificados estão corretos e são articuláveis entre si.

Em ambos os casos, a solução está em rever os princípios que sustentam a estrutura; se o problema for ideológico, a quebra da ideologia, em termos conceituais, demonstrará que os elementos não só não se articulam tão diretamente como se pensava como talvez não sejam esses os elementos relevantes de modo parcial ou, quem sabe até, total.

No segundo caso, o esforço para perceber os princípios que estão por trás da estrutura classificatória denunciará a indução conceitual do fato observado como predominante e, portanto, falacioso como princípio.

Em suma, a classificação é uma ferramenta analítica fortíssima para ajudar o gestor a identificar lacunas e impropriedades nos discursos, nas argumentações e nas estruturas identificadas que parecem sustentar e derivar da realidade observada.

d. A expressão do cenário – a realidade efetiva versus a probabilidade

Aqui vamos retomar duas idéias já apresentadas: a idéia do enredo definida por Schwartz (2000) e nossa idéia, exposta no livro *O Gerente do Futuro*, por nós e Montenegro (1990), quando abordamos o tema diagrama de expectativas como um elemento importante para a preparação para a tomada de decisão.

116   Capítulo Quatro

Em ambos os casos, o objeto encontrado, em sua acepção mais abrangente, compõe-se de fatos que, ao se articularem, são passíveis de construírem uma história que pode ser caracterizada como o enredo do tema identificado como relevante.

Montenegro e Dalledonne (1990) sugeríamos que, identificados elementos e relações, o gestor procurasse construir um texto de referência interligando todos esses elementos e que convencesse o leitor de que a estrutura era possível e, mais além, provável. Vejam que, no fundo, o enredo e o texto são a mesma coisa.

O que se pretende, ao construir a peça que descreve o fato relevante e suas conexões, é utilizar-se de um mecanismo indireto para que as incoerências, inconsistências e possíveis incompletudes aflorem e denunciem a falha estrutural da análise realizada.

Desse modo, a impossibilidade e o caráter improvável das conclusões emergem como decorrentes da impossibilidade de se construir um discurso coerente ou um enredo acerca do cenário projetado, ou, como ressaltamos, acerca do objeto identificado como relevante para a tomada de uma decisão estratégica.

4.1.1.3 Enfoque regulatório

Para consolidar a diferença entre os dois processos e a importância da utilização de ambos para construir uma visão totalizante, vamos reforçar alguns pontos, a saber:

- No primeiro, no analítico, fatos novos geram um desconforto na percepção da realidade que permite que o gestor projete uma realidade futura. Essa realidade, se implantada, exige reestruturações e reconexões para configurar um alvo a ser atingido que possa ser considerado possível e com elevado grau de probabilidade. Desse modo, projeta-se um cenário a partir da realidade atual, por meio da identificação de fatores que podem provocar mudanças futuras, como os impactos tecnológicos de monta.

- No segundo, parte-se da análise da realidade vivida e da percepção de incompatibilidades causadas por incoerências e inconsistências internas. Percebe-se assim a instabilidade dos modelos em vigor e buscam-se identificar os pontos frágeis que podem abalar a estrutura. A partir dele projetam-se soluções para o futuro, que retomem a consistência e coerência da estrutura considerada.

Em síntese, um rótulo para cada método seria:

- para o primeiro caso – a realidade no futuro deverá ser assim;
- para o segundo caso – a realidade atual não pode continuar assim.

Convém destacar que, no limite, as duas metodologias acabam se confundindo, já que, como salientamos, o futuro projetado pode ser o objeto de uma nova análise, e o processo se realimenta pela constatação de que o futuro também não deve ser assim; logo surge a questão: o que fazer hoje?

Surge a possibilidade de desenvolver não um círculo vicioso, mas uma espiral virtuosa. Em suma, como base metodológica, o uso de ambas como elementos que se auto-regulam permite uma ampliação permanente da visão totalizante do gestor. Vamos explorar agora esse aspecto regulador.

a. Conforto provisório – questão de sentido

Vi, uma vez, em uma revista, uma charge que mostrava um cientista em meio a uma montanha de livros, denotando uma profunda pesquisa, com um semblante perplexo, afirmando: "Caramba, por um segundo tudo pareceu fazer sentido."

Essa para mim é a melhor caracterização do dilema permanente do gestor totalizante. A cada cenário, ele tenderá a achar que todas as variáveis, elementos, relações e conexões internas e externas estão fazendo sentido. Não importa que método ele usou, as estruturas projetadas parecem perfeitas.

Caso haja algo que não dê o conforto do sentido buscado, a forma mais adequada de regular esse processo é analisar o cenário pelo outro método. Surge, portanto, um ciclo de conforto e desconforto que parece infindável. Exploremos em linhas gerais o ciclo do desconforto.

b. Desconforto – questão de falta

O desconforto surgirá quando uma tentativa de uso do cenário revelar alguma inconsistência e incoerência, quando o método dedutivo for aplicado. Sem dúvida, quanto mais antecipadamente o desconforto for detectado, mais rapidamente se tornará possível reorientar os vetores e tornar o modelo mais próximo do cenário mais provável.

Todavia, o desconforto não vem apenas de um processo dedutivo. Há situações em que a mera visão do modelo, de sua forma, das conclusões obtidas é desconfortável. Atente para os atalhos para entender a complexidade como destacado anteriormente. Assim, assimetrias, por exemplo, são características que geram desconfortos e muitas vezes provocam a sensação de que há algo errado no cenário projetado, pela mera focalização da representação gráfica da estrutura do objeto projetado.

Outros fatos que geram desconforto associam-se a situações em que subsiste a sensação de falta de elementos, ou seja, há uma incompletude latente. Em situações em que se busca provocar a convergência de contribuições de especialistas, essa sensação de desconforto é a única arma que o gestor totalizante pode utilizar para perceber quando um elemento da estrutura que dá sustentação ao modelo utilizado para uma tomada de decisão sobre um tema altamente especializado está deixando uma lacuna que precisa ser completada.

c. Decisão – questão de suficiência

Certamente, o nível de abstração pretendido, o número de variáveis e relações que atendem de modo mais econômico a análise do gestor, definirá esse momento. Nunca será perfeito, mas pode mostrar alvos que precisam ser perseguidos com o uso permanente da revisão dos cenários projetados.

Um caso importante pode ilustrar esse alerta, usando-se um exemplo simples como o da tecnologia da informação e da comunicação. Seu aparecimento deu-se da convergência de duas tecnologias originalmente estanques: as telecomunicações e a informática.

Trabalhos importantes, como o realizado pelo governo francês, que se convencionou chamar de Relatório Nora (1978), e pelo governo japonês, a Sociedade da Informação relatada por Yoneji Masuda (1980), destacavam a importância da informação para a sociedade e as possibilidades de uma futura sociedade do conhecimento com um bem-estar social maior.

Hoje, a expressão sociedade do conhecimento é corriqueira e direciona muitos grupos interessados no desenvolvimento da sociedade. Todavia, como alertamos, Scavarda & Dalledonne (2007), uma sociedade da informação só faz sentido se o acesso e a capacidade de interpretação, e o conseqüente uso da informação estiverem disponíveis para todos.

O que se vive hoje é uma avalanche informacional e uma distribuição inadequada da capacidade de interpretação e uso da informação. Há um aparente acesso universal (haja vista celulares), mas uma discriminação do uso universal pelos próprios custos do processo. Resumindo, o cenário projetado no início da década de 1980 não previa alguns saltos tecnológicos nem refletiu sobre a nova forma da má distribuição da informação, não pelo acesso, mas, como dissemos, pelo uso efetivo.

Ou seja, o desconforto no momento da formulação das teses não se fez presente, o que gerou alguns desequilíbrios, ainda que o alvo tenha sido mostrado. Em outras palavras, dentro das abstrações feitas à época, os cenários foram projetados corretamente, e os desconfortos hoje vividos, por falta de uma visão antecipada, não estão sendo corretamente equacionados, o que permite antever problemas equivalentes aos do desequilíbrio provocado pela Revolução Industrial, na própria sociedade da informação para o futuro.

Aí estão sintetizados os fundamentos que podem sustentar uma metodologia para o desenvolvimento de uma visão totalizante. Entendido que há um processo de ajustamento entre dois enfoques, vamos estabelecer alguns parâmetros que possam caracterizar uma busca organizada de uma visão totalizante. Um alerta se faz importante, antes de prosseguir: o ciclo conforto-desconforto, como parte do mecanismo de regulagem do processo, estará sempre presente quando um enfoque está sendo aplicado.

CAPÍTULO 5

Aplicando a Visão Totalizante – A Metodologia em Ação

Chegamos ao momento de passar da conceituação para a práxis.

5.1 METODOLOGIA INTUITIVA

Na realidade, essa fase, por sua característica de emergência de uma percepção suportada por um processamento inconsciente de diversos modelos, atalhos, conhecimentos adquiridos e experiências vivenciadas pelo gestor, não possui um roteiro metodológico predefinido.

Aqui convém retomar a resposta de Capablanca quando questionado sobre seu processo de decisão. Recordemos que ele afirmou nao saber como, em meio à complexidade de 28 jogos simultâneos de xadrez, decidia pela melhor jogada a fazer. Sua frase *"eu só via uma jogada"* é emblemática e caracteriza-se como uma ilustração sobre a visão totalizante aplicada intuitivamente.

Seria inconseqüente de nossa parte, portanto, se sugeríssemos etapas claras e específicas que levassem o gestor, quando diante de uma situação complexa, a atuar sistemática e ordenadamente, já que essa forma de atuar revela-se como tipicamente inversa da forma de abordagem em questão.

122 Capítulo Cinco

Na realidade do caos e na aparente desordem é que uma cultura forjada pelo exercício, uma visão estruturada do ambiente sobre o qual o gestor atua e um acervo de atalhos para lidar com a complexidade se articularão e revelar-se-ão como instrumentos selecionadores de elementos, identificadores de conexões e criadores de novos elementos e de relações e, como conseqüência, geradores de um modelo representativo da realidade observada que faz sentido – e o objeto estratégico emerge.

Podemos afirmar que existem, todavia, algumas atitudes sistemáticas prévias necessárias que favorecem a emergência da única solução – normalmente a certa, quando o gestor defronta-se com a complexidade. Em nosso modo de ver, essas atitudes podem se concentrar em:

- **Formação da estrutura de percepção pelo exercício.** Essa é a condição da possibilidade de se poder aplicar a visão intuitiva.

  O exercício decorre de uma atitude permanente focalizada na análise de qualquer situação vivida para procurar extrair as estruturas básicas que a sustentam.

  Assim, a percepção de que um fato possui como base de construção três elementos que se articulam dialeticamente permitirá que o modelo e, de modo correlato, sua importância, sua validade e sua aplicabilidade possam ser incorporados e transportados para situações semelhantes, quando surgirão intuitivamente articulados.

- **Exercício da aplicação da intuição.** Alguns grupos esotéricos recomendam que, para desenvolver uma visão equivalente à que estamos debatendo, o estudante procure estimular seu inconsciente a se manifestar em situações triviais, como: antes de olhar as horas, procurar estimar quais seriam, sem nenhum esforço dedutivo.

  É importante que o leitor entenda que, para ser coerente com a proposição anterior, em vez de raciocinar metodicamente, algo como: acabei de almoçar, gastei 15 minutos conversando e assim sucessivamente, logo devem ser 3 horas e 30 minutos, deve-se deixar a imaginação correr e dizer um número que vier à cabeça. O pressuposto dessa atitude é que existem informações inconscientes que você absorveu, mas que não afloraram ao consciente, e que podem ser mobilizadas e auxiliar a formar um quadro coerente com a realidade.

  No livro *Quem Somos Nós*, Arntz, Chasse e Vicente (2007), a partir da opinião de diversos cientistas entrevistados, afirmam que o cérebro processa 400 bilhões de bits de informação por segundo e nosso consciente percebe apenas 2.000 bits, ficando, portanto, uma elevada massa informacional inconsciente disponível para uso e influenciando o processo perceptivo.

Um exemplo complementar ilustrativo foi realizado por um ilusionista que convidou dois homens de propaganda e marketing para desenvolver um *slogan* e uma logomarca para uma hipotética empresa de taxidermia. A única condição foi que eles realizassem a criação em determinado lugar, em um estúdio do próprio ilusionista.

Os dois convidados foram apanhados em seu escritório, colocados em uma sala e filmados enquanto criavam. Interessante é que os espectadores viram todo o processo de criação, as alternativas propostas e as decisões tomadas.

Terminado o trabalho, o produto foi apresentado. Qual não foi a surpresa dos criadores quando o ilusionista pediu que eles abrissem dois envelopes que permaneceram na sala o tempo todo, e lá estavam praticamente todos os principais detalhes da proposta que ambos apresentaram.

Não houve truque algum, o processo é que foi habilmente manipulado. Durante o caminho até o local da criação, o veículo que os transportava demorou-se um pouco em frente a uma loja em que parte do *slogan* estava escrita. Várias outras informações foram passadas de modo sub-reptício, culminando com uma situação em que, ao saírem do elevador, o desenho de um urso, que havia sido a imagem proposta pelos dois como parte integrante da logomarca, estava em um papel pregado na parede.

Em síntese, todas as informações inconscientemente haviam sido passadas, e os dois, ao criarem, apenas reproduziram o que havia sido introjetado e não levado ao consciente de ambos.

- **Exercício do Ciclo Conforto e Desconforto.** Na realidade, o produto da percepção intuitiva tem que ser algo que conforta o gestor. Sim, porque a noção que as coisas se encaixaram, ou de que a jogada certa foi percebida, é uma noção de conforto que ajusta o objeto projetado à sensação de que as estruturas inconscientes foram devidamente utilizadas.

Um exercício interessante é observar figuras ou textos complexos com muita informação para perceber se possuem alguma incompatibilidade interna. Voltamos a insistir que não é para aplicar a dedução nessa fase do exercício. Essa noção de desconforto deve se realizar pelo uso dos atalhos inconscientes relacionados com simetria, com os modelos de representação, com a noção de discurso tendencioso e vários outros que denunciam a existência de certos aspectos que, no todo, geram desconforto.

Um fato pitoresco encontra-se no mural da Virgem de Nazaré em Belém, no topo da Basílica. O mural mostra a aparição da Virgem cercada por nativos índios e portugueses em trajes da época. Conta a história que três patrocinadores exigiram que suas figuras estivessem no mural. Em represália, o criador colocou três personagens de terno e gravata na cena, do lado direito do mural embaixo. Poucas pessoas perceberam que esse detalhe está presente no belíssimo mural.

Em suma, esses três exercícios servem como elementos para desenvolver uma atitude orientada para a projeção do objeto e que nos predispõe a perceber lacunas, desvios e impropriedades por um lado, e por outro nos habilita a encontrar a solução.

Vamos agora fornecer algumas considerações sobre o processo, como ele se realiza em linhas gerais

5.1.1 Projetando uma Situação

A primeira etapa do processo começa com o uso da bagagem conceitual acumulada e devidamente articulada para fornecer uma projeção espaço-temporal do objeto percebido. Nesse instante, o conjunto de elementos e relações em jogo pertencentes ao fato perturbador da normalidade e os elementos e relações que caracterizam a situação considerada normal chocam-se e sintonizam-se entre si, gerando uma sensação geral de desconforto que provoca uma necessidade de uma atividade intelectual reflexiva.

Um gestor que se tenha aculturado convenientemente sobre a estrutura que sustenta a realidade observada, que tenha incorporado ao seu instrumental de pensamento modelos interpretativos, atalhos, e possua o perfil adequado para processar informações em um ambiente altamente complexo, mobiliza todo esse acervo para procurar recuperar o conforto que lhe dá a sensação de que o novo conjunto faz sentido.

Como já alertamos, o gestor não atua por meio de uma atitude analítica pelo fato de ele estar buscando conseguir visualizar um todo que se revele coerente e dê sentido e direção aos vetores que se movimentam em um ambiente caótico.

Na realidade, sem saber por quê, ele elimina elementos e relações e identifica falhas relevantes que precisam ser sanadas. Em termos descritivos, ainda que isso não signifique uma ordenação e sistematização de processo, seu desconforto deriva de algumas percepções inconscientes que incomodam e o obrigam a buscar o conforto perdido. Sim, porque precisamos entender que, em tese, há um processo, ainda que inconsciente, que passa por algumas etapas, a saber:

1. uma situação de normalidade proveniente da continuidade observada e naturalmente esperada que caracteriza a realidade vivida;
2. um fato perturbador que faz perceber uma ameaça à normalidade e à continuidade;
3. uma expectativa decorrente de descontinuidade que pode ser confirmada, pode gerar necessidade de adaptações ou de uma ruptura das estruturas de sustentação da realidade;
4. a descoberta da nova estrutura que deverá reger a realidade em um horizonte espaço-temporal projetado;
5. a descoberta de uma forma de transição que otimiza a reposta do grupo afetado pelo fato perturbador e que busca garantir o sucesso futuro.

Esses cinco passos articulam-se de modo a que o gestor totalizante expresse com precisão e com o nível de abstração adequada o objeto de ação que deverá representar o sucesso futuro para o grupo.

Como as cinco etapas não são fruto de uma lógica formal e sim de uma lógica que mescla senso de oportunidade, senso estrutural, caracterização sistêmica e intencionalidade, o que ocorre é uma visão global do fato em que as etapas foram de certo modo pesadas e o objeto do sucesso emerge.

Para fazer isso, algumas percepções se complementam, ainda que para o gestor totalizante o objeto final surja sem que um passo-a-passo tenha sido realizado conscientemente. Nossa prática e pesquisa sobre o tema demonstram que a seqüência didática da projeção do objeto no tempo e no espaço passa pelos pontos que se seguem.

5.1.2 Percepção da Incompletude

A sensação de que falta alguma coisa é talvez a que movimente a curiosidade do gestor em busca de um modelo mais completo. Essa forma de perceber que há um vazio deriva dos modelos de representação dominados.

Em outras palavras, o conhecimento incorporado de que uma classificação estratégica tende a ser representada por dois quadrantes (veja modelo dos quadrantes) dispara inconscientemente no gestor a busca de pares dicotômicos para compor o espaço das possibilidades de um posicionamento estratégico; o mesmo se dá com os diversos modelos que domina.

Nesse ponto, poder-se-ia argumentar que o mesmo resultado pode ser obtido a partir de uma visão analítico-dedutiva. Concordamos com o argumento, até porque em uma definição de intuição um conjunto pode ser visto como o resultado de análises dedutivas que se interligam, mas cuja origem do processo se perdeu.

Nesse momento, nessa etapa do processo, o pressuposto é que a sensação de falta emerge, ainda que dedutivamente possa vir a ser explicada depois.

Voltemos ao mestre Capablanca, mas sua seleção de jogada sempre será explicada dedutivamente por quem analisar os movimentos utilizados na partida, ainda que, como explicado por ele próprio, era sempre a única que ele conseguia ver.

Aqui retomo um preceito colocado em linhas anteriores acerca da redução à linearidade, típica dos modelos de análise maniqueísta. A incorporação ao inconsciente de que o modelo dual reduz a realidade espacial a uma percepção linear, com graves conseqüências para a tomada de decisão, leva o gestor a perceber imediatamente essa falha e, conseqüentemente, a buscar complementar o fato observado, com considerações acerca da componente dialética faltante.

5.1.3 Percepção da Incompatibilidade

Outra sensação de desconforto advém da percepção de que os fatos que se confrontam possuem estruturas que impedem a sua articulação. Essa noção leva a uma busca nos bancos de conhecimento de formas de recuperar a compatibilidade, o que pode ocorrer por três processos.

1. Ruptura das estruturas que se confrontam, por eliminação de elementos ou de relações, o que gera naturalmente um horizonte espaço-temporal de transição na qual estruturas incompatíveis vão conviver à espera de que as mudanças ocorram para que elas se compatibilizem e formem um todo englobante.

2. Eliminação de uma estrutura diante de uma nova mais poderosa e que a supera, tornando-a obsoleta. São os casos das mudanças tecnológicas de ponta e que eliminam verdades estruturais passadas.

   Ainda aqui o segredo talvez seja a descoberta do ponto de mutação, o momento em que a nova estrutura vai prevalecer; o gestor defronta-se nesse instante com o paradoxo do agente de mudança. Vê uma estrutura emergente e precisa conviver com a vigente que ele já sabe que será substituída.

3. Eliminação da nova estrutura e manutenção da estrutura em vigor. Aqui ocorre a percepção da inaplicabilidade, inoportunidade e inviabilidade da nova estrutura. O domínio, pelo gestor, das técnicas de análise de discurso; a consciência das limitações das propostas ideológicas e os fundamentos conceituais que domina ajudam a identificar essa possibilidade de rejeição de uma proposta inovadora.

Em linhas gerais, o gestor totalizante mobiliza nesse momento pelo menos três dos quatro de seus modelos básicos inconscientemente incorporados, a saber:

- Noção de *clusters*, pela qual ele sente o desconforto da quebra da lógica normal dos processos;
- Noção de simetria, pela qual ele percebe o desconforto da estética da representação dos fatos que termina por denunciar argumentações tendenciosas ou posicionamentos distorcidos;
- Noção do ponto de indecisibilidade, pela qual ele percebe o desconforto da impossibilidade de definir se algo é certo ou errado a partir de determinados princípios, denunciando que a estrutura que sustenta os fatos está no limite e portanto deve ser mudada a partir de seus axiomas fundamentais, ou seja, ele é obrigado a dar intelectualmente vários passos atrás para repensar as bases que sustentam a própria realidade.

5.1.4 Epifania

Trata-se do encontro do resultado final do processo de avaliar uma situação e definir o posicionamento confortável. O termo é muito usado em literatura para caracterizar o grande fecho de um enredo e que leva o leitor à compreensão da essência de algo. Utilizamos esse termo por sua extraordinária analogia com o processo mental de elaboração do gestor do produto final de sua visão.

Nesse momento a obra de arte está montada, e a sensação de conforto do gestor é que lhe garante a sensação de ter encontrado a chave do quebra-cabeças.

Na prática, ele encontrou a resposta ao desafio provocado por um fato perturbador e construiu a articulação mais conveniente entre a realidade atual e as mudanças potenciais provocáveis pelo fato, e, após mobilizar todos os seus instrumentos para descobrir atalhos na complexidade apresentada, vê emergir a solução.

Claro que, dependendo da complexidade da situação e de seus desdobramentos, é possível que o gestor não se conforme apenas com o primeiro resultado decorrente da epifania. Ou seja, dada a alta complexidade envolvida, dado o horizonte espaço-temporal decisório e dadas as implicações traumáticas sobre a realidade, o gestor talvez, apesar do conforto do resultado, decide utilizar o sentido inverso, ou seja, decompor o objeto projetado, de modo a perceber incoerências formais pelo uso de sua capacidade dedutiva. Desse modo, o enfoque analítico entra em cena.

5.2 METODOLOGIA ANALÍTICA

Nesse momento, inicia-se um espaço metodológico mais caracteristicamente sistemático. Importante destacar que em ambas as abordagens há uma sistematização, só que inconsciente na abordagem intuitiva e consciente na dedutiva.

No fundo, as duas abordagens são análogas, porque todas as etapas são percorridas nos dois casos. Apenas, no primeiro caso, o gestor aproveita todas as informações percebidas e não conscientemente processadas, enquanto no segundo utiliza na análise somente as conscientemente percebidas.

Ressalte-se, portanto, a importância do uso das duas. A primeira, como sabemos, é mais rápida e desvincula-se das limitações espaço-temporais, por pensar o assunto estruturalmente; a segunda é mais minuciosa nos detalhes, mas tende a perder o foco global e portanto prejudica aspectos estruturais, pois tende a prender-se a detalhes espaço-temporais.

Todavia, a abordagem dedutiva, por ter um procedimento formal, pode se comportar como uma atividade que contribui para auxiliar na incorporação ao inconsciente dos pensamentos intuitivos articulados que tiverem suas origens perdidas daqueles que serão usados no futuro. Isso se dá pelo caminho natural de todo conhecimento que será tão mais bem aplicado quanto menos tivermos que, na hora de seu uso, processar conscientemente as etapas de absorção desse conhecimento.

Permitam-me uma regressão importante para articular melhor as duas formas de abordagem utilizadas pelo gestor.

Lembramos que sempre que somos apresentados a um conhecimento, isso se dá a partir de um procedimento formal, no qual um sistema didático, composto por etapas como apresentação conceitual, exercitação e diversos recursos complementares de fixação, é utilizado.

O objetivo desse procedimento é que, ao final do processo, tenhamos aprendido conceitos, desenvolvido as habilidades correlatas e incorporado atitudes conseqüentes de modo a que, ao utilizá-lo futuramente, o façamos quase "sem pensar".

Tomemos o exemplo de aprender a tocar um instrumento musical.

Há todo um sistema de se apresentar o estudante ao instrumento e à linguagem musical.

Com o tempo, toda a seqüência de associação de representação da nova linguagem se perde porque é incorporada de tal modo ao inconsciente que o músico lê a música e seu cérebro "ouve" a música.

O mesmo se dá com a mecânica de tocar o instrumento. Em suma, é muito natural a percepção de que a abordagem dedutiva passa a ter, além da função de avaliar uma situação, a função de auxiliar na incorporação ao inconsciente de novos atalhos provenientes dos sucessos e insucessos das diversas análises realizadas.

A máxima que podemos tirar dessa regressão é que toda dedução bem feita e incorporada será sempre a base de um raciocínio indutivo futuro.

Entendida, agora, com muito mais força, a complementaridade das duas abordagens e suas funções no exercício da visão totalizante, podemos retomar a metodologia dedutiva, então, com muito mais confiança em sua validade e oportunidade.

As diversas etapas da abordagem dedutiva podem ser assim resumidas.

5.2.1 Definindo uma Situação Problema

Como vimos, essa abordagem começa com uma situação bem-definida que exige soluções. Pode também ser uma estratégia de verificação de um cenário imaginado pela abordagem anterior, ou um problema específico oriundo de uma conquista tecnológica que está sendo implantada e, portanto, capaz de mudar a estrutura que sustenta a realidade, ou qualquer fato que precise ser avaliado em termos de conseqüências, viabilidade e probabilidade da própria ocorrência e de seus impactos.

Na realidade, a análise consciente do fato passa por:

- tratar conveniente a informação para exercer uma efetiva crítica do próprio fato;
- abordar a situação por diversas óticas;
- desmontar a situação em elementos componentes;
- descobrir parâmetros novos não presentes na situação original;
- desenvolver um processo de reconstrução para montar uma nova estrutura;
- expressar a visão total da nova realidade; e
- avaliar a situação proposta.

Ainda que todos esses pontos já tenham sido direta ou indiretamente vistos até agora, vamos fixar suas funções nessa etapa da metodologia.

5.2.2 Analisando a Informação – A Leitura Crítica da Situação

A metodologia de analisar a informação é a apresentada na seção que aborda o desmonte do discurso. Logo, não cabe agora repetir os detalhes.

Para a contextualização dessa etapa da metodologia de abordagem, podemos extrair, para a base que a sustenta, a idéia de que uma informação nunca é neutra. Vamos retomar essa idéia.

Ainda que o fenômeno inicial que gerou a informação que está sendo passada tenha sido presenciado pelo sujeito que está comunicando o fato, sua atenção, que é uma condição necessária para observar qualquer coisa, é complementada constitutivamente pelas seguintes atitudes obrigatórias:

- intenção – com que objetivo ele colheu a informação;
- pelo seu instrumental, objeto concreto ou simbólico, que lhe permitiu observar detalhes do fato; e
- pelo seu modelo interpretativo, que lhe permitiu correlacionar o fato a seus conhecimentos estruturados armazenados.

Como conseqüência das atitudes obrigatórias, pode-se afirmar que, em tese, duas pessoas observando o mesmo fato, a informação que passarem para terceiros a respeito nunca é idêntica.

Tal distorção vai aumentando à proporção que a cadeia de comunicação aumenta, e, em conseqüência a informação original tornar-se mais diferente. Essa diferença aumenta de modo diretamente proporcional ao aumento da complexidade da situação observada.

Por outro lado, como já destacamos, a intenção do emissor da informação ao passar a informação também tem uma intenção constitutiva. Assim, se ele pretende provocar um comportamento no receptor, utiliza-se das técnicas que já destacamos para dar roupagens atrativas ao discurso.

Em suma, a não-neutralidade da informação, pelas características do processo de percepção e pela intenção com que está sendo transmitida, obriga a que toda a informação recebida pelo gestor precise ser criticada com muito cuidado, para que seu raciocínio não enverede por caminhos distorcidos. Remeto o leitor nesse instante ao tema dos *clusters* ideológicos e suas características fechadas, abordado anteriormente.

Essa reflexão indica que não é aceitável tomar-se a informação como verdade, independentemente da confiabilidade da fonte. Ainda que os fatos conhecidos e associados à informação recebida sejam verdadeiros, o gestor precisa desmontar o discurso para conseguir identificar a informação efetiva que pode estar oculta.

Façamos uma digressão sobre a informação intencionalmente distorcida para reforçar nossa argumentação: o caso da mentira.

Uma mentira, para ganhar aceitação, precisa soar como verdade. Precisa portanto ser baseada em fatos reais, convenientemente distorcidos e criativamente articulados de modo a que o todo faça sentido. O que a mentira não tem é uma relação estrutural com os fatos apresentados.

132 Capítulo Cinco

O ditado A mentira tem pernas curtas vem dessa incapacidade de conexão permanente e natural com outros fatos, necessitando sempre de ligações forjadas. Desse modo, desmontar os diversos discursos sobre o mesmo fato pode denunciar essas distorções, isolar a realidade e fazer com que a situação fique mais próximo do real.

Para ilustrar esse comentário, faça a seguinte experiência: selecione uma notícia de impacto que mobilizou a opinião pública e separe, no mínimo, três periódicos de grande circulação. Observe que, apesar de o fato ocorrido ter sido o mesmo, as informações tendem a ser diferentes, dependendo da linha editorial de cada jornal ou revista. Personagens, comentários, tendências e culpados, se houver, tendem a ser intencionalmente selecionados, gerando quadros, muitas vezes, conflitantes.

A primeira etapa do processo é, portanto, definir a própria situação em termos de confirmação da qualidade da informação disponível.

5.2.3 Identificando Aspectos Relevantes – A Aplicação de Múltiplas Abordagens

Como aqui é o momento de aplicação das estratégias analíticas, conforme abordado no item 3.5.3.5, convém lembrar que o conjunto de todas as abordagens procura impedir que ocorram brechas na forma de entender a situação.

Proponho ao leitor retomar posteriormente o capítulo para fixar melhor cada uma das abordagens apresentadas e procurar incorporar os conceitos específicos e as falhas que podem ocorrer quando se negligencia a importância de uma delas.

Neste capítulo vamos apenas destacar o foco de cada uma para que o leitor perceba qual o foco relevante, portanto, o detalhe passível de ser destacado quando cada uma delas é aplicada. Lembrando o que foi apresentado anteriormente, temos as seguintes abordagens:

- Caixa-preta, em que se busca descobrir equivalências de comportamento;
- Sistêmica, em que se busca identificar o comportamento do todo pelo conhecimento das partes;
- Estrutural, em que se objetiva entender o controle de comportamentos pelas relações com outros elementos;

Aplicando a Visão Totalizante – A Metodologia em Ação **133**

- Temporal, em que se pretende inferir e dominar comportamentos futuros;
- Histórica, em que se busca a percepção dos comportamentos reativos críticos consolidados;
- Comparativa, em que se busca a identificação de comportamentos gerais explícitos transempresariais;
- Estatística, em que se busca a identificação de comportamentos por meio de inferências estatísticas;
- Do estudo de casos, em que se busca a definição de comportamentos-padrão transportáveis para outras situações;
- Tipológica, em que se busca o enquadramento de comportamentos em estruturas classificatórias; e
- Funcional, em que se busca inferir comportamentos pela base axiológica de referência.

Reputamos conveniente abordar de um modo alternativo uma colocação que fizemos algumas linhas atrás.

Em princípio, o domínio de cada uma dessas metodologias é difícil e do âmbito da especialização formal. Todavia, os princípios que governam cada uma delas podem ser do domínio de todo analista e gestor e, se aplicados, servem para denunciar falhas nas estruturas e nos processos e portanto identificar análises falaciosas e/ou incompletas.

Reforce-se que o uso sistemático das diversas componentes da estratégia analítica tende a fazer com que o inconsciente do gestor desperte para essas falácias e descubra caminhos alternativos, gerando uma competência ampla para o desempenho da função de gestor.

5.2.4 Desmontando a Situação – A Categorização e a Classificação dos Componentes

As ferramentas analíticas apresentadas na seção anterior referentes às componentes de uma estratégia analítica ampla buscaram auxiliar a percepção do erro de enfoque do fato apresentado, não mais preocupado com o discurso em si, mas com a parcialidade com que a situação foi analisada.

Essa abordagem já toma a situação devidamente criticada e ajustada e procura identificar suas partes componentes. Lembramos que Ohmae

134 Capítulo Cinco

(1988, p. 14) representa o pensamento estratégico pela reorganização das partes de modo original.

Ainda que possamos ter alguma crítica sobre essa forma de caracterizar esse tipo de pensamento, entendemos que a separação da situação em elementos e relações é fundamental para que se tome um posicionamento posterior a respeito.

Como já explicamos nas considerações sobre as bases da metodologia, a categorização e a classificação são instrumentos de grande validade para desconectar conexões forçadas, ou para perceber a impropriedade de alguma classificação realizada quando da apresentação do fato perturbador e, portanto, provocador da necessidade de um posicionamento por parte do gestor.

Aqui, de modo similar ao que faz inconscientemente o gestor na abordagem intuitiva, buscam-se assimetrias, *clusters*, principalmente os ideológicos e as conectividades existentes, inclusive para perceber as que estão sendo forçadas e que podem denunciar falsas premissas e estruturas.

Voltamos a insistir que o uso consciente dessas forma de analisar a situação será a base da decisão aperfeiçoada, coerente e na maioria das vezes correta e única, da abordagem intuitiva feita por esse gestor no futuro.

Aqui aplicam-se os modelos de representação abordados anteriormente, e esses modelos revelam-se capazes de caracterizar a melhor forma de perceber estruturas, falhas de estrutura e falsas estruturas.

Nesse instante, a abordagem sistêmica surge como um instrumento de muita potencialidade para que noções como estabilidade, como o que vem a ser insumo, o que se caracteriza como produto e quais as funções de transformação em jogo que auxiliam na melhor arrumação das partes, tendo em vista as possibilidades e possíveis conseqüências provocadas pelo fato perturbador analisado.

Um outro modelo de extrema validade é o modelo de crescimento ou ciclo de vida, porque ele alerta para a interação sistêmica que ocorre entre o meio e o organismo que porventura queira ocupar espaço no meio, no caso das organizações junto ao mercado.

Em resumo, a divisão do todo que caracteriza a situação em suas partes componentes e suas relações é o segredo dessa parte da abordagem analítica.

A experiência do gestor em correlacionar e efetivar analogias será de grande valia, já que classificações consolidadas e avaliadas pelo uso são mecanismos econômicos para se criarem atalhos no processo de análise de situações complexas.

Retomando Capablanca, o domínio das diversas saídas do jogo do xadrez, os roteiros para situações específicas, os estudos de outras partidas são uma base de sua forma de raciocinar sobre ambientes de alta complexidade.

5.2.5 Identificando Novos Parâmetros – A Percepção de Lacunas e de Impropriedades

Convém destacar que a situação analisada pelo gestor tem um núcleo característico do fato perturbador analisado que foi até agora criticado, estruturalmente analisado e desmontado em partes componentes.

Esse agora é o momento de se perceber se a noção de conforto, similar à abordagem intuitiva, ocorre, só que do ponto de vista analítico formal.

Desse modo, é importante representar o fato, sempre que possível, com o auxílio de gráficos. Assim como uma obra de arte, essa fase é análoga a uma crítica à pintura elaborada pelo autor. O gestor totalizante usa a representação como um artifício para perceber se há uma representação estética da situação ou se, como um Frankenstein, existem peças articuladas que estão forçadas, ou, ainda, se faltam peças.

De novo os atalhos para atuar na complexidade e os modelos de representação voltam à cena e servem para denunciar aberrações que estavam ocultas na descrição original do fato observado.

Essa é a hora de identificar lacunas, ou seja, elementos que foram omitidos intencionalmente ou que foram negligenciados na construção do discurso. Para descobrir as lacunas, torna-se necessário que a criatividade do gestor entre em cena e os fundamentos de uma cultura ampla e interdisciplinar se revelem como a base de sua capacidade de identificar analogias que podem denunciar essas omissões.

5.2.6 Construindo uma Situação Coerente – A Rearticulação de Elementos e Relações

Feitas as devidas críticas, o gerente tem na mão uma espécie de quebra-cabeças: elementos da realidade que devem se sustentar no novo quadro que dará a referência para as futuras tomadas de decisão do gestor; elementos revelados pelo fato ou fatos perturbadores e que deverão provocar a necessidade de uma estrutura que dê sentido e direção ao objeto que será projetado no futuro; e elementos e relações provenientes das lacunas identificadas pelo trabalho analítico dedutivo do gestor.

Insistimos na idéia de que a descoberta da estrutura que articula todos os elementos e relações é um exercício de criatividade, criatividade essa que lida com estética (veja o item 3.5.3.2 Simetria), transposição de modelos (veja o item 3.5.3 Atalhos para Lidar com a Complexidade) e capacidade de articulação (veja o item 3.5.3.4 Conectividade).

Importante destacar que o produto final é uma estrutura que se apresenta como coerente em face das diversas premissas destacadas pelo gestor; todavia, ainda está num estado primário. Dedutivamente, uma estrutura bem-organizada e coerente do ponto de vista representativo precisa, como alertamos, passar pelo teste da expressão.

5.2.7 Expressando a Visão Totalizante – A Integração, a Representação e a Conexão do Discurso

Como alertamos, o discurso, ou o enredo, como classifica Schwartz, é uma forma de testar a coerência efetiva do texto. Convém recordar que estamos lidando com três raciocínios cujas áreas de processamento cerebral são as mesmas: o senso de balística, a capacidade de projeção de estruturas no tempo e o centro da fala.

Retomamos aqui um conceito apresentado no decorrer destas notas, que afirma que um modo de verificar a coerência de uma estrutura é fazer um discurso sobre ela.

Vale a pena ter em mente que uma idéia estruturada possui uma certa dificuldade de ser expressa, pela necessidade que cada elemento possui de ser determinado pelo menos por um outro.

Voltamos a insistir que, de modo análogo aos discursos ideológicos, o desvelamento de uma estrutura para terceiros exige o que se convencionou chamar de mito da criação, ou seja, uma história linear que faz a introdução dos elementos capazes de auxiliar na percepção do modelo estrutural encontrado.

Na prática, a apresentação gráfica da estrutura acompanhada pelo discurso construído é um excelente método de comunicação da estrutura montada. Apenas para fixar as idéias e comparar termos, do que foi exposto até agora, o termo enredo, por seu caráter construtivo de apresentação de uma situação, poderia ser entendido como o discurso formado pela descrição pura da estrutura que sucede a um mito de criação.

Em suma, nessa fase integra-se com o uso da linguagem o discurso sobre uma estrutura de modo a representá-la e melhor comunicá-la para terceiros.

5.2.8 Avaliando a Totalidade Observada – O Teste de Relevância, Possibilidade e Viabilidade

O gestor nesse momento acaba de construir um objeto que lhe está dando conforto porque está levando em conta os fatos perturbadores que o impulsionaram na busca de uma resposta coerente, consistente e completa, em um nível de abstração considerado aceitável para seus objetivos de tomada de decisão.

O objeto construído apresenta-se como uma estrutura de confronto com a realidade vivida porque foi elaborado levando em conta um cenário futuro, uma solução criativa para um problema de fundamentos das atividades de sua organização ou qualquer visualização inovadora de uma reorganização das forças, tendências e estratégias, isso decorre de eventos que trouxeram novas perspectivas para os elementos e as relações que modelavam o sistema que dava sustentabilidade aos modelos de atuação até então em vigor.

Em suma, seu objeto projetado é uma estrutura que se revelou extremamente confortável para ler, criticar e reformular a situação, conforto esse baseado na solidez, estética e coerência de todos os elementos eleitos, e mais confortável ainda porque conseguiu criar um discurso convincente, igualmente estético e preciso, do ponto de vista sintático e semântico.

Todavia, aqui reputo importante lembrar uma citação atribuída a Einstein, que afirmou, com outras palavras, que o maior dever da inteligência é se proteger de si mesma. Por que essa citação seria aplicada ao objeto projetado?

Por uma razão muito simples. Seguindo a própria linha de raciocínio utilizada nestas notas e os modelos apresentados como bases para a construção de uma percepção totalizante da realidade, o objeto construído, por ser uma estrutura, é fechado, e, como tem um mito da criação que permite a sua expressão para ser comunicado, pode se caracterizar como uma ideologia, se não for avaliado em termos de relevância, possibilidade e viabilidade.

Em síntese, o gestor precisa fazer para si mesmo três perguntas: Parodiando Sócrates, todo objeto só poderá ser considerado válido se passar pelos três crivos a seguir:

- O objeto projetado é importante para a organização ou possui desdobramentos que necessitam de uma atenção da organização em particular e da sociedade como um todo? Crivo da relevância.
- O objeto projetado é um construto meramente intelectual e ideológico de difícil transposição para a prática? Crivo da possibilidade.
- O objeto tem aplicações práticas, porém seus custos diretos econômicos e financeiros e os indiretos sociais são compensados pelos benefícios correlatos? Crivo da viabilidade.

Nesse instante, avaliações formais complementares acerca do impacto, das análises das relações custo/benefício e dos desdobramentos em cadeia necessários à sua efetiva implantação precisam ser realizadas.

Há que se tomar muito cuidado com soluções fechadas, consistentes, coerentes e completas dentro de níveis de abstrações muito elevadas (altamente simplificadas) que tendem a ter aplicabilidade restrita e alguma validade tópica, mas não se revelam aplicáveis em termos totais.

Um exemplo claro e simples é o modelo do cobertor curto, o uso de recursos para resolver uma situação limitada de uma comunidade carente pela drenagem de recursos de outras áreas. Certamente, vista pela ótica restrita da comunidade, o modelo parece ser perfeito, pelo impacto imediato. Todavia, os efeitos da drenagem de recursos não estão sendo mensurados e mais à frente poderão realimentar negativamente a própria comunidade, como deficiência de atendimento na saúde etc.

Essa preocupação de proteger-se de si mesmo deve metodologicamente seguir alguns passos simples, mas indispensáveis. Vamos a eles.

5.3 REVENDO POSIÇÕES – O AJUSTE DA ANÁLISE

Ficou claro que as duas maneiras de abordar tendem a se complementar, e a estratégia de abordagem dedutiva possui duas funções, a saber: uma avaliativa, para verificar os desdobramentos formais e avaliar os objetos projetados; e outra formativa, pelo apoio à introdução de estruturas ao inconsciente, enriquecendo o modelo intuitivo e favorecendo a emergência de modelos cada vez mais densos e articulados para encontrar soluções em ambientes de alta complexidade. O mecanismo de regulagem segue um roteiro bem simples.

5.3.1 Tentativa e Erro

Pela própria impossibilidade de se apreender toda a realidade sem um mínimo de abstração, qualquer resultado, em princípio, tem uma possibilidade de erro. Diante dessa constatação constitutiva, há um mecanismo natural de tentativa e erro que cada vez aproxima mais a visão do gestor da totalidade sem nunca atingi-la.

O erro é tanto detectado pelas impropriedades, lacunas e inconsistências verificadas formalmente pelas diversas metodologias analíticas como pela noção intuitiva de desconforto pela leitura do todo e de suas relações internas pelos mecanismos não-formais de percepção.

Por outro lado, os três crivos precisam ser aplicados para que esse ajuste entre o fato, a solução e seus desdobramentos seja compatível.

5.3.2 Projetando e Analisando

Na realidade, esse item da metodologia está apenas sendo colocado por completude, já que, na prática, o abordamos algumas vezes. Apenas para resumir, poderíamos afirmar que, para cada reunião inconsciente de elementos e relações dentro de um ciclo de conforto e desconforto, o gestor projeta um objeto.

Segue-se uma análise criteriosa e detalhada de modo a se aferir se o fruto da projeção possui capacidade de passar pelos três crivos finais.

5.3.3 Tomada de Decisão

Na prática, esse ciclo não pode prosseguir indefinitivamente, sob pena de romper com os preceitos de economia e urgência típicos de um ambiente empresarial, mesmo que a situação envolva elementos de elevada complexidade.

Essa tomada de decisão pressupõe um corte intencional no tempo para viabilizar a aplicabilidade da gestão totalizante. Tendo essa consi-

140   Capítulo Cinco

deração em mente, o gestor precisa ter seus objetivos claros para definir um ponto de interrupção de seu processo de regulação.

Até agora, sempre pressupomos uma hipótese que passa por:

- surgimento de um fato perturbador
- análise do gestor sobre o fato e seus impactos
- projeção de um objeto no tempo e no espaço
- avaliação analítica do modelo
- definição final do objeto projetado
- teste dos crivos
- mecanismos de implantação do objeto projetado

Todavia, esse é um modelo de referência que não parte de objetivos intermediários. Dependendo das possibilidades de impacto do objeto sobre a realidade, não se pode dar ao luxo de se chegar à última etapa do processo para somente aí se deflagrar alguma ação que vise neutralizar ou se aproveitar do fato perturbador, dependendo das diversas circunstâncias envolvidas.

Poderíamos classificar os pontos de decisão em diversos momentos; entendemos no entanto que esses poderiam ser reduzidos aos descritos a seguir.

- **Ponto de alerta.** Momento em que a abordagem feita pelo gestor identifica rupturas significativas nas estruturas que compõem os modelos de atuação em vigor.

  São os casos em que a percepção de fatores tecnológicas, políticos e culturais, ainda sem uma efetiva influência direta sobre as estruturas e processos, aparece em um horizonte da pesquisa, ou da reflexão filosófica de algum estudioso. Um exemplo atual seria a nanotecnologia.

  Vista pelo leigo, de um modo geral, a nanotecnologia soa como uma mera capacidade da sociedade de produzir coisas muito pequenas. Como exemplo, tomemos o professor Mahil Rocco, da National Science Foundation, especialista no tema, quando comenta em suas apresentações acerca da possibilidade de produtos nanotecnológicos influírem na própria estrutura da matéria. Entendemos que essa perspectiva pode provocar impactos diferenciados sobre uma série de procedimentos, como na área médica, revolucionando métodos de tratamento.

- **Identificação da manutenção da estrutura original.** Esse seria o caso do boato falso, das expectativas falsas e das projeções falaciosas. Nesse caso, as estruturas originais vigentes seriam mantidas, e a decisão é parar a atividade de percepção e definir que nada mudará.
- **Identificação de adensamento estrutural por incorporação.** Esse ponto de decisão caracteriza-se pelo surgimento de elementos e relações que apenas se conectam às estruturas originais, sem exigir que elas se rompam para aceitar novos modelos estruturais; em outras palavras, a estrutura vigente permanece e surgem outras.

  Um exemplo seria uma tecnologia otimizadora sem efeitos de monta sobre métodos e processos, apenas introduzindo alguns métodos e processos adicionais. Seria o exemplo da introdução de recursos de cópias xerográficas nas organizações em substituição às chamadas copiadoras térmicas ou heliográficas.
- **Identificação de rupturas efetivas.** Outro ponto de decisão característico da passagem da especulação para a constatação prática, ou seja, de um mero alerta para a demonstração efetiva de que os impactos possuem soluções práticas em andamento. Um exemplo ilustrativo é o que ocorreu com a revolução da teleinformática, iniciada nos anos 1970/80, e que passou a se transformar em um horizonte de tomada de decisão de empresas e países, visando adequar a chamada tecnologia da informação e da comunicação às necessidades da sociedade.

  Nesse instante, o gestor define modelos de atuação, e seu objeto de projeção são os modelos de transição em que duas estruturas convivem na expectativa de que uma caia para que outra aflore. Aqui o gestor trabalha não apenas nos modelos, mas na identificação do ponto de mutação, o momento esperado da ruptura.
- **Projeto de implantação de uma nova estrutura.** Aqui, o ponto de decisão é o ponto final de uma abordagem que vai desde a percepção de um indício de mudança até a implantação da mudança e convivência com a nova. Nesse momento, os teste finais que envolvem análises econômico-financeiras, por exemplo, precisam estar efetivados e a tomada de decisão final tomada.

  Esse é o caso completo que o leitor deve ter percebido que abordamos como meta de nossas anotações. Certamente, o fato de ver o modelo completo facilita a utilização de segmentos do próprio modelo e a parada intermediária típica dos três pontos de decisão apresentados.

Identificados os pontos de decisão, e a partir deles admitindo-se que a visão totalizante foi aplicada, é chegada a hora de expressá-la definitivamente. Vamos definir os elementos mínimos dessa ação.

5.4 A EXPRESSÃO FINAL DA VISÃO TOTALIZANTE – A CONEXÃO DO DISCURSO COM A COMPLEXIDADE DA REALIDADE OBSERVADA

O resultado óbvio da ação do gestor é demonstrar que há uma compatibilidade entre a realidade que foi observada e os fatores perturbadores da estabilidade dessa realidade e o objeto construído, fruto da atividade intelectual do gestor, e que esse não é absolutamente um trabalho acadêmico, mas um trabalho que tem bases na realidade e que se revela viável de ser implantado. Para tornar o objeto mais comunicável e portanto inteligível para o sujeito da ação, é preciso tratar com cuidado alguns tópicos indispensáveis, a saber:

5.4.1 Representando o Objeto

O objeto projetado deve ser apresentado de alguns modos complementares:

- Não esquecer que no momento inicial o gestor estará apresentando uma estrutura fechada e, portanto, de grande dificuldade de apreensão por aqueles que a estão visualizando pela primeira vez. Logo, há que se construir um discurso introdutório que desvele alguns elementos e relações que possam permitir que a estrutura vá sendo construída diante dos demais gestores.

- Um esquema resultante que mostre a estrutura e, portanto, seus elementos e suas conexões internas. Nunca incidir no erro de apresentar a estrutura completa de uma só vez. Os que estão sendo apresentados a uma estrutura fechada tendem a eleger seus pontos de início de entendimento da estrutura. Como sabemos, pelas considerações construtivas de uma estrutura, que todo elemento depende de pelo menos um outro, o ouvinte tende a ficar perdido se não tiver o raciocínio conduzido pela estrutura.

5.4.2 Identificando Suas Conectividades Externas

Apresentado o objeto, é chegado o momento de destacar que ele não é um fato isolado, mas possui conexões com a realidade vivida, conexões essas que devem se caracterizar como os pontos de passagem gradativa de uma nova estrutura para a outra.

Esse aspecto é importante para que sejam percebidos as possibilidades de continuidade e os efetivos pontos de ruptura, no caso de o fato perturbador ser provocador de mudanças estruturais profundas.

No limite da percepção dos efeitos de um fato perturbador há a possibilidade, como alertamos, de que ele não possua efeito algum, ou seja, se caracterize apenas como uma ação tópica sem efeitos estruturais significativos, já que incorpora relações complementares ou simplesmente não gera nenhum impacto. Essa situação faz com que a análise se encerre nesse ponto.

5.4.3 Avaliando os Impactos do Objeto – Relação Estrutural

Esse é o espaço para se demonstrar se o objeto projetado possui ou não um impacto significativo sobre o ambiente em que o gestor executa suas atividades.

Note-se que o gestor totalizante possui, pelo perfil, conhecimentos, habilidades e atitudes que lhe permitem atuar nos mais diversos campos, sejam eles empresariais, administrativo-públicos, político, econômicos e culturais.

Diante disso, seu produto – o objeto projetado – pode ser construído tendo como referência desde um microcosmo empresarial até um macrocosmo social.

Sua percepção totalizante serve para identificar mudanças empresariais que valem tanto como base para a redefinição do próprio valor de uma organização e de seu posicionamento no mercado quanto para a caracterização de contextos socioambientais que demonstrem as possibilidades de competitividade de uma nação e de sua sociedade.

Pode-se sem medo de errar, expandir esse horizonte de atuação para casos extremos. Casos como a percepção de impactos afetam as socieda-

144 Capítulo Cinco

des como um todo, aqueles que apontem para a esgotabilidade de recursos naturais, a destruição do meio ambiente e outros eventos destrutivos. Aplica-se também para modelos que possam orientar a implantação de planos de preservação e sustentabilidade do próprio planeta.

Em conseqüência, definidos um horizonte de atuação e as possibilidades de seu objeto projetado, cabe ao gestor demonstrar a relação estrutural que o objeto identificado possui com as demais estruturas do ambiente considerado, para alertar sobre potenciais problemas e suas conseqüências desestruturantes, bem como para alternativas possíveis das soluções reestruturantes necessárias para a conservação da relação do organismo com o ambiente considerado de sua atuação.

Para ilustrar a necessidade dessa forma de atuar, talvez o exemplo mais dramático dessa falta de perspectiva tenha ocorrido quando se decidiu desenvolver e utilizar a bomba atômica na Segunda Guerra Mundial. A falta da visão totalizante do problema levou a efeitos colaterais graves sobre os próprios aplicadores do artefato.

Assim, durante o período de teste e devido aos conhecimentos apenas dos efeitos devastadores de uma carga térmica equivalente de dinamite, pessoas foram expostas ao evento pós-explosões em áreas em que os artefatos de teste foram aplicados, propositadamente, como junto às tropas americanas, para mostrar que não havia perigo maior, e acidentalmente, pela exposição de artistas nas áreas do deserto em filmes de faroeste, que ocasionou mortes por câncer contraído pela radioatividade residual.

Um segundo exemplo foi a não-percepção do horizonte temporal da ação do artefato, que impactou os japoneses sobreviventes, gerando deformações físicas não-imaginadas.

A demonstração da relação estrutural do objeto projetado com o ambiente precisa ser entendida e explicada para, como citamos, a inteligência ter consciência de seu próprio perigo e neutralizá-lo antecipadamente.

5.4.4 Definindo uma Estratégia de Implantação

Definidos o valor positivo e o custo, que por extensão poderia ser visto como um valor negativo, há necessidade de encerrar sua projeção no devido tempo, e, dentro do nível de decisão associado ao estudo realizado, estabelecer um processo de implantação que leve a neutralizar os efeitos negativos relacionados com o fato perturbador e/ou que viabilize a implantação, de modo a que os dividendos de seus efeitos positivos possam ser recolhidos.

Claro que a necessidade de chegar ao detalhamento da implantação dependerá do horizonte esperado e da própria capacidade do gestor de ser o agente efetivo da implantação da mudança.

Desse modo, estudos que lidem com perspectivas globais do próprio planeta possuirão as limitações naturais inerentes à multiplicidade de ações e agentes do processo. O caso de ameaça ao clima global pelo excesso de produção de CO_2 é um fato que pode ser alertado mundialmente a partir de um ponto. Assim, a organização de um grupo de agentes de distribuição de responsabilidades em nível mundial surge de ações locais que contribuam em seus nichos para reduzir essa emissão e de soluções que possam ser transportadas para outros ambientes.

Por outro lado, situações sobre fatos que levem ao aumento da competitividade e ao aproveitamento de saltos tecnológicos, como os que se aplicam em ambientes abertos mas limitados, permitem que o horizonte de tomada de decisão do gestor seja visualizado em sua totalidade e possa ter sua implantação projetada, com a divisão de responsabilidades e metas parciais bem-definidas.

Em suma, um trabalho completo tem como modelo os passos aqui estabelecidos, ainda que, neste momento, pelas limitações naturais destas notas, só seja possível alertar sobre os extremos de sua utilização.

Uma apresentação da descrição do objeto até sua efetiva implantação seria o caminho completo.

O caminho realizável na prática dependerá dos pontos de decisão estabelecidos por seu âmbito de gestão e obviamente pelo poder de influência sobre a própria magnitude do objeto projetado.

CAPÍTULO 6

O Desenvolvimento de um Gestor com Visão Totalizante

Vistos seu espaço de atuação e seus diversos componentes, surge a questão: como preparar um gestor para atuar sob essa forma de gestão? A seguir, vamos delinear ações relacionadas com nossa experiência pessoal na coordenação da formação de gestores em empresa de ponta e que deu o pontapé inicial em nossa reflexão e experiências, que nos permitiram redigir estas notas.

Das diversas considerações feitas até agora, ficou bem claro que o gestor totalizante possui pelo menos quatro características necessárias:

- Um perfil de raciocínio que o caracterize como capaz de utilizar, de modo equilibrado, os hemisférios direito e esquerdo do cérebro. Assim consegue que sua visão projeto-sistema, característico da forma prevalente de abordagem masculina, regule-se com seu senso de intuição-oportunidade, de abordagem prevalentemente feminina, para poder desenvolver um processo de percepção que use com facilidade seus raciocínios dedutivo e intuitivo.

- Um posicionamento em termos de atitude que englobe os 10 atributos que caracterizam sua forma particular de investigar e projetar fatos, com o grau de antecipação necessário para poder ver o todo

148   Capítulo Seis

e suas possíveis implicações, com mudanças das condições espaço-temporais e estruturais características do sucesso de hoje.

- Um modelo interpretativo denso e transdisciplinar que lhe permita conviver com as disciplinas e seus conteúdos, mas que lhe dê capacidade de provocar a emergência desses conteúdos sob a forma de uma resultante com propriedades maiores que a mera soma dos conteúdos dominados.

- Diversas metodologias de ataque ao fato relevante que lhe permitam, dentro de um nível de abstração aceitável, identificar informações, projetar cenários, desenvolver um ciclo de desestruturação e reestruturação dos conceitos dominados para que os cenários percebidos – a totalidade procurada – se revelem instrumentos úteis para a definição de caminhos que garantam a manutenção de diferenças competitivas para a sua organização.

Essas características definem, portanto, que, para o efetivo exercício de uma gestão totalizante, são necessários:

- A identificação de personagens que possuam uma personalidade dentro dos preceitos de equilíbrio colocados – fase de identificação

- O estímulo ao desenvolvimento nos gestores identificados dos comportamentos relacionados aos 10 atributos básicos – fase de seleção.

- O fornecimento de conteúdos interdisciplinares que agreguem valor ao conhecimento e permitam que a transdisciplinaridade possa emergir – fase de aculturamento.

- Finalmente, o exercício da metodologia para o exercício da visão totalizante, no qual os gestores identificados, selecionados e cognitivamente preparados desenvolverão a competência totalizante no dia-a-dia em situações simuladas – fase de especialização.

6.1 O PROCESSO DE FORMAÇÃO DE UM GESTOR TOTALIZANTE

Na prática, a emergência do gestor totalizante tem muito de um processo de identificação de um perfil, como mostramos até agora. Diríamos que o perfil da personalidade tende a ser um processo de busca e seleção, já que nos parece pouco viável imaginar que uma personalidade formada possa ser ajustada de uma hora para a outra para agir como um gestor totalizante.

Claro que a idade, as experiências vividas e diversos outros fatores contribuem para que uma personalidade seja formada.

Todavia, ainda que a personalidade tenha todos os atributos para desenvolver uma competência caracterizada como gestão totalizante, há um aspecto cognitivo e comportamental que precisa ser adquirido, pois, a menos de situações muito particulares, o meio acadêmico tradicional não costuma apresentar de modo sistematizado os conhecimentos que devem compor o perfil cognitivo do gestor.

Nossa experiência na formação de gestores com foco na multidisciplinaridade indica que uma grade, grade essa que fornece as bases conceituais e instrumentais que desenvolvem o gestor totalizante procurado, exige, para uma visão da estrutura sobre a qual exercerá suas atividades, que aspectos técnicos e especificidades de cada empresa estejam presentes. Todavia, não pode se limitar a esse aspecto; há uma grade curricular de referência que se revela como invariante para qualquer especificidade organizacional em que o gestor vier atuar e que precisa incluir o módulo técnico específico da organização considerada.

Para caracterizar essa grade, delineamos cinco grupos, que apresentaremos para categorizar os tipos de temas que precisam fazer parte do domínio do gestor. São eles:

6.1.1 Módulo Referencial: A Ética

A ética na empresa está associada a princípios, crenças, valores e atitudes da organização. E mais: ética é resultado da ação efetiva e não de uma listagem de hábitos. Ética, portanto, está no limiar entre o discurso e a prática. Trata-se do primeiro ponto da grade curricular, mas que precisa ser complementada com comportamentos.

Sua aplicação ao ambiente empresarial, como indica o próprio processo utilizado para analisá-la, é um projeto. Surge a pergunta de todo gerente: como torná-lo operacional?

Como vimos desde o início, trata-se, no fundo, de um desejo. Por isso é fundamental que se entenda, antes de tudo, que o gestor, ou gestores – no caso de uma direção colegiada –, precisa desejá-lo.

150 Capítulo Seis

Desejar significa, a partir de um axioma fundamental, acreditar na possibilidade de que dela derivem princípios e valores, e, certamente, capitanear sua implantação desde a primeira fase.

Esse certamente não é um projeto que pode começar de baixo para cima. Basta lembrar o Grupo Matsushita e a IBM, que possuem seus credos e princípios, originalmente definidos pelos seus líderes e que são obrigatoriamente assumidos por quem quer trabalhar em suas organizações.

Um programa dessa natureza requer, no mínimo, três fases:

1. **Fase reflexiva.** Caracterizada como um subprograma introdutório em que os assuntos ligados ao tema ética sejam levantados e debatidos abertamente.

   Esse subprograma caracteriza-se como o espaço efetivo do aparecimento dos paradigmas desequilibradores como o certo e o errado, o deve e o não deve etc. Ainda que possua a aparência de aula, deve ser uma palestra provocativa. Nossa experiência na Embratel, como coordenadores de seu Programa de Desenvolvimento Cultural efetivo de 1979 a 1985, utilizava uma palestra sobre o tema cosmologia como provocadora. A pequenez do homem diante da imensidão dos temas cosmológicos gerava um espírito auto-reflexivo de grandes proporções.

2. **Fase analítica.** Subprograma de aprofundamento em que as discussões da ética empresarial, a bipolaridade em termos éticos entre Ocidente e Oriente, a visão dogmática de certas crenças e seus efeitos sobre a ética empresarial são apresentados de forma sistemática.

   Ainda que sejam orientadas por palestrantes, estes devem possuir a habilidade de trazer para o grupo a profundidade das discussões para que o gestor analise os efeitos das novas preocupações sobre a organização, a comunidade próxima e a sociedade.

3. **Fase construtiva.** Nela, por meio de grupos de trabalho, os gestores identificariam os valores da organização, teriam a oportunidade propor e introduzir novos e recomendar como atenuar os inadequados.

   Esse seria o momento adequado para que fossem consolidados os princípios que norteiam a empresa e, se possível, ficasse explícito um decálogo de valores da organização. O gestor deveria assim conhecer em profundidade quatro aspectos da ética de sua organização:

a. Ética interna – preocupa-se com o relacionamento entre chefes e subordinados, os métodos de avaliação, os oportunidades de carreira e as condições de trabalho.

b. Ética da produção – responsável por estar atenta aos processos que influem na qualidade do produto final, envolvendo, entre outros aspectos, a necessidade do retrabalho, os parâmetros de custo e tempo de produção.

c. Ética de vendas – orientada para a aferição permanente da relação entre a empresa e seu cliente, o que engloba aspectos como prazos e satisfação geral e fidelidade do cliente para com a organização.

d. Ética de comunicação e imagem – preocupa-se com a monitoração da relação entre a empresa e seu cliente com relação à publicidade e à propaganda, destacando criticamente o que pode caracterizar uma diferença entre a imagem real e a projetada.

Como se observa, o módulo ético conecta o gestor consigo mesmo e com sua organização e cria um ponto de referência para a abordagem da relação ética de sua forma de atuação sobre o meio ambiente.

6.1.2 Módulo Fundamental

A preocupação desse módulo reside no desenvolvimento de uma inteligência engajada. Em outras palavras, o trabalho visa a criar o espaço para a construção de uma cultura gerencial em que a capacidade de perceber o meio ambiente, de correlacionar disciplinas e expressar os resultados precisa ser desenvolvida.

Esse módulo sustenta-se no desenvolvimento de três pilares mestres: a capacidade de filosofar, a capacidade de interpretar e a capacidade de expressar.

A criatividade dos pedagogos e dos especialistas em educação geraria um número infinito de alternativas, e, certamente, todas seriam válidas, dependendo de cada ambiente particular. Acreditamos, no entanto, que três conteúdos básicos podem ser explorados:

1. Filosofia

Não no sentido de ler Platão no original, mas no de levar ao estrategista os enfoques metodológicos que estão por trás de cada posicionamento filosófico.

Tal perspectiva foi ilustrada muito bem por Roberto Games em seu livro *Crítica à Razão Tupiniquim*, quando afirma: *"Toda vez que uma razão se expressa, inventa uma filosofia."*

O conteúdo filosófico abordado, portanto, deve ser apresentado de modo a que o gestor totalizante possa seguir mentalmente o sentido inverso: a partir das filosofias apresentadas, identificar formas naturais de ver o mundo – as razões do homem.

2. Metodologias, que podem ser divididas em:

a. Analíticas, em que o gestor vai travar conhecimento com as diversas abordagens analíticas para que seja conceitualmente fornecido o devido suporte à sua forma de perceber a totalidade, em que deverão ser enfatizadas as particularidades e as parcialidades de cada uma, sem descuidar da sua importância para desvelar facetas ocultas da realidade observada.

b. Aplicadas, em que um *zoom* todo especial deve ser apresentado, em uma disciplina chamada "análise de conteúdo", que, a partir de uma visão estrutural da linguagem, auxilia na identificação da informação relevante, pelo desmonte do discurso, uma das habilidades fundamentais do gestor.

Não se deve perder de vista o papel importante que as diversas semióticas, como a da imprensa, a do cinema e a da televisão, representam para o dia de hoje. Especialistas nessa área devem ser chamados para demonstrar as aplicações e os resultados que obtêm com esse tipo de trabalho.

3. Comunicação e expressão

Esse item engloba dois subtítulos:

- *aperfeiçoamento*, em que se procura dar ao gerente um suporte ferramental, pela necessidade de defender suas idéias por escrito e oralmente (impostação da voz, expressão corporal, semântica intencional e estilo são algumas ferramentas básicas desse submódulo); e

- *suporte*. Até bem pouco tempo, os auxiliares do expositor eram *slides* e transparências. Hoje o uso do *laptop* acoplado a sistemas de projeção muda o dinamismo da apresentação.

Como parte dessa área, surgem as técnicas de suporte de exposição, que devem ser de domínio dos gestores. Convém ressaltar que esse submódulo deve aliar teoria e muita prática. Dir-se-ia 30% de teoria e 70% de prática.

Os núcleos disciplinares, além do valor intrínseco, possuem componentes motivadores fortes que, se bem utilizados pelo instrutor, poderão ajudar os treinandos na obtenção de resultados indiretos pela interação entre eles, como a cooperação, a formação de grupos de tarefa, as lideranças situacionais etc.

6.1.3 Módulo Instrumental

Até agora procuramos abordar o crescimento do personagem indivíduo-gestor totalizante, identificando conteúdos que ajudam na consolidação de um personagem com forte engajamento na cultura da empresa e capacitado a ler o mundo e expressar o resultado de sua leitura.

Convém aqui fixar a idéia já abordada anteriormente quando da desmontagem dos discursos, pela qual ler realmente significa reescrever a visão da realidade a partir da individualidade que acessa uma informação qualquer.

Aí está montada a base que sustenta a possibilidade de atuação do gestor; sua capacidade de atuar de modo integral no espaço gerencial será tão desenvolvida quanto for sua referência organizacional, quanto mais adequado e funcional for seu ferramental de atuação e quanto mais denso e amplo for seu sistema de informação.

Diante dessa consideração, o módulo instrumental deverá ser subdividido nos seguintes componentes:

1. **Organizacionais.** Espaço em que são apresentados os instrumentos que facilitam a organização do trabalho. Pode parecer óbvio demais, mas instrumentos de organização da agenda e da administração do tempo, aliados a aplicativos de acompanhamento de projetos, são de extrema valia e precisam ser da intimidade do gerente.

Além disso, aqui também é o local para rever e discutir modelos organizacionais e suas eficiências relativas, bem como vantagens e desvantagens.

De modo geral, esse é o espaço para o gerente se identificar com os diversos sistemas da empresa, para que servem, que dados fornecem, qual o nível de eficácia de suas ações e qual o valor esperado de seus produtos.

2. **Ferramentais.** Espaço de familiarização com as ferramentas de análise para que o gestor possa tratar de modo eficaz os dados que lhe são apresentados. Nesse caso, algumas ferramentas surgem como indispensáveis.

a. Noções de contabilidade – como ferramenta de avaliação da saúde empresarial, em que os conceitos básicos da contabilidade, seus princípios, suas regras de lançamento, os diversos demonstrativos e suas interpretações, além de indicadores, devem ser apresentados e analisados pelo gestor.

b. Formas quantitativas de tomada de decisão – em que alguns métodos de análise empresarial (como valor presente, análise de fluxo de caixa e método de matriz hierárquica, por exemplo) devem ser apresentados aos gestores.

Importante ressaltar que as ferramentas quantitativas, pelo seu alto apelo emocional, tendem a confundir alguns processos de tomada de decisão. Portanto, atenção especial deve ser dada ao objetivo do uso da ferramenta. Vamos nos deter um pouco mais nesse aspecto.

Os instrutores não podem ser fanáticos por análises quantitativas. Devem conhecê-las, mas também devem saber criticá-las, de modo a mostrar aos alunos os pontos de validade e de não-aplicabilidade.

Como ilustração, é notável o uso indevido de métodos quantitativos para identificar possibilidades de mudança em ambientes. Para perceber a inadequação desse posicionamento, basta lembrar que mudança tende a se relacionar com uma visão original, fruto de uma articulação criativa – um *insight*.

Logo, são exatamente as opiniões discordantes da média que tendem a apontar para uma mudança. Um método quantitativo tradicional busca eliminar exatamente essas posições extremas pela aplicação, em um momento qualquer, de uma média, seja ela aritmética, ponderada, ou geométrica, ainda que travestida de uma roupagem que pode escamotear da percepção do gestor esse procedimento.

O *Desenvolvimento de um Gestor com Visão Totalizante* **155**

c. Modelagem – apresentação de temas por meio de especialistas, abordando aspectos como as limitações de modelos, pontos de indecisibilidade, grau de abstração, enfim, uma visão geral da modelagem e sua função utilidade no ambiente empresarial.

Uma especial atenção deve ser dada aos processos de simulação, tendo em vista as potencialidades desses processos para a tomada de decisão dos gestores.

3. Informativos. Espaço no qual se exploram os sistemas de informações gerenciais da empresa.

Aqui devem ser apresentadas as bases de dados disponíveis, as formas de relacionamento existentes e a existência ou não de fechamento automático de negócios, de grande valia para o ambiente externo, mas que pode ser aplicado ao ambiente interno para a tomada de decisão e o fechamento de acordos de trabalho interáreas.

Cabe aqui uma reflexão importante para esse caso. Os sistemas de informações gerenciais (SIG) devem ser abertos, ou seja, devem ser capazes de aceitar personalização (customização). Em termos práticos, ainda que, em princípio, todas as informações interessem a todas as gerências, a articulação inovadora de determinados dados pode fornecer um *insight* para o gestor e permitir ganhos para a organização.

Um outro fator adicional deve ser destacado como parte integrante desse espaço curricular: a Internet. Inegavelmente, ela abriu as portas ao acesso global da informação.

Por outro lado, cuidado, e portanto um alerta! Como toda porta, permite o sentido inverso, expondo as entranhas da organização, podendo quebrar o sigilo de informações estratégicas. O tema "proteção da informação sensível" surge naturalmente como parte integrante desse conjunto temático.

Tal constatação exige que o tema seja introduzido de modo provocativo por meio de uma palestra de mobilização por um especialista em segurança e informação, de modo a facilitar o desenvolvimento de uma atitude de alerta no gestor e despertar a importância de um trabalho sistemático sobre o assunto.

6.1.4 Módulo Estratégico

Esse é o módulo em que a organização precisa ser posicionada no tempo, refletir e identificar os desafios futuros e desenvolver um processo de planejamento da mudança. Divide-se em dois grupos temáticos, a saber: avaliativo e prospectivo.

1. **Avaliativo.** Em que o gestor precisa ser apresentado a um retrato reflexivo da organização, suas perspectivas em termos de sustentabilidade, competitividade e senso de oportunidade. Para isso, o gestor deverá se familiarizar com algumas análises, a saber:

   a. análise econômico-financeira – apresentação articulada e debate dos indicadores da saúde financeira da empresa (grau de endividamento, liquidez, giro de estoque, alavancagem, etc.);

   b. produtividade e custo – apresentação e debate dos centros de custo da empresa e as relações dos custos dos fatores com a receita dos produtos;

   c. ciclo de vida da empresa e dos produtos – apresentação das diversas etapas em que se encontram tanto o ciclo de vida da empresa como seus produtos, acompanhada de avaliação crítica coletiva dos pontos do ciclo de vida e das estratégias associadas.

2. **Projetivo.** Tende a ser dividido em quatro fases:

   a. Fase metodológica – em que se apresenta a forma de prever o futuro identificada como válida pela organização, ou, caso não possua uma, apresentam-se, por meio de especialistas, diversas formas utilizadas para a prospecção de oportunidades e de ameaças.

   b. Fase de assimilação – na qual se ouve e se lê sobre as formas de previsão do futuro. Importante nesse espaço serem ouvidos representantes de outras organizações e futurólogos para se ter uma base de debate e de crítica.

   c. Fase criativa – em que se usa a metodologia para construir cenários que sirvam de base para futuras tomadas de decisão em âmbito empresarial. Esse submódulo será de grande valia se for possível juntar fora do ambiente empresarial os representantes das diversas áreas de influência da empresa para ajustar visões e colher subsídios para um posicionamento empresarial estratégico.

   d. Fase aplicativa – deve coincidir com o final do próprio ciclo de planejamento estratégico da empresa. Em outras palavras, os levantamentos e cenários identificados devem ser utilizados para alicerçar a tomada de decisão para que a empresa se posicione de modo a melhor aproveitar as oportunidades identificadas.

Convém lembrar que essa etapa, seja qual for o método pelo qual a empresa a realize, precisa consubstanciar as idéias do primeiro módulo – a ética, renovando princípios, crenças e valores, ajustando a missão, definindo diretrizes e fixando estratégias.

6.1.5 Módulo Técnico

Foi deixado para o final por ser totalmente específico de cada empresa.

O único fato a ressaltar é que o momento atual exige duas formas de intimidade tecnológica:

- uma com aquela que suporta a base produtiva da empresa; e
- outra com aquela que suporta o sistema informacional, associada à tecnologia da informação e da comunicação.

Obviamente, não cabe ao gestor saber operar equipamentos da produção nem realizar a manutenção de um *lap top*; todavia, no primeiro caso, ele deve entender o jargão de sua empresa; no outro, deve ser capaz de utilizar a tecnologia da informação e da comunicação de que dispõe da maneira mais produtiva possível.

No segundo caso, noções de linguagens formais, fundamentos dos bancos de dados, fundamentos de redes e sistemas de troca eletrônica de dados, além de serviços de teleconferência e de tomada de decisão *on line*, precisam fazer parte de sua cultura tecnológica.

Como se observou, a grade montada revela-se classificatória e tem, em última análise, a intenção de fornecer ao personagem cujo perfil se adequar ao de um gestor totalizante os conhecimentos e ferramentas que lhe permitam desenvolver sua cultura de gestão dentro de um domínio multidisciplinar e extremamente envolvido com as diferenças específicas da organização em que vai atuar. Como efeito correlato, a interdisciplinaridade será percebida pela interação dos diversos conteúdos, e a transdisciplinaridade será o produto final absorvido pelo gestor.

O modelo apresentado possui dois veios: contextualizar o gestor e aumentar seu espectro de conhecimentos. Em outras palavras, presume-se que o gestor totalizante potencialmente existe, e, desde que identificado, o programa visa despertar, fundamentar e instrumentali-

158 Capítulo Seis

zar suas aptidões para que a gestão totalizante possa ser exercida com propriedade.

Em resumo, para produzir um gestor totalizante é preciso que se esteja consciente de que ele é um personagem que possui atributos bastante especiais. Convém lembrar que sua componente de gestão que se caracteriza como seu diferencial competitivo emerge de um quadro já composto por personagens diferenciados pela articulação de estilos eficazes relacionados com: comando, relacionamento interpessoal e liderança planejadora, a partir dos quais um perfil diferenciado pode emergir como na saída de um funil (talvez a melhor figura fosse um filtro), em que aqueles que não conseguiram mostrar a eficácia nos três espaços descritos ficam para trás.

Na saída desse filtro existe, portanto, um conjunto extremamente diferenciado de personagens que possuem o pré-requisito básico, mas que precisam da informação interdisciplinar para saltarem qualitativamente.

A conclusão a que se chega é que, tendo esse grupo de potenciais gestores totalizantes como base, surgem três situações possíveis:

- O gestor totalizante emerge naturalmente e já existe – para esses, trata-se de um mero processo de identificação, logo, uma seleção por meio de baterias específicas de testes e um programa de inserção na cultura da organização.

- Indivíduos com potencialidade – ainda é um caso de identificação; todavia, precisa ser seguida de um programa de aperfeiçoamento baseado na interdisciplinaridade e com um currículo equivalente à grade apresentada. Segue-se, naturalmente, um processo de seleção, já que, necessariamente, passado o programa, nem todos se revelarão gestores totalizantes.

- Gestor totalizante para o futuro – processo de longo prazo em que gradativamente vão sendo desenvolvidos gestores orientados para tarefa, pessoas e resultados planejados a fim de que se crie uma massa crítica para que mais indivíduos com potencialidade sejam formados e o processo anterior tenha maior possibilidade de revelar gestores totalizantes efetivos.

Não esquecer que o gestor que passar pelo processo e não conseguir se desenvolver como gestor totalizante não deve ser descartado, já que será um excelente gestor em seus nichos de excelência e, portanto, um personagem de muito valor gerencial.

Em resumo, o plano de desenvolvimento de um gestor totalizante é complexo e envolve muitas especializações. Todavia, a emergência de personagens com o perfil procurado será de grande valor estratégico para a organização, inclusive pela qualidade gestora dos personagens que não conseguirem chegar ao topo do processo.

CAPÍTULO 7

Conclusões, Reflexões e Desdobramentos

Aqui encerram-se estas notas, mas não devem ser encerradas as atividades pessoais que levem o gestor a desenvolver a chamada visão totalizante.

Nosso objetivo foi o de trazer para o leitor as bases de um processo que, em nosso modo de ver, nunca se encerra, pelo simples fato de que a visão totalizante é um eterno projetar, analisar, incorporar, projetar e assim sucessivamente.

As bases resumidas centram-se na constatação de que todo e qualquer processo de aprendizagem flui do consciente para o inconsciente e torna-se mais facilmente aplicável quando passa a compor uma cultura sobre o tema, de modo a que a resposta aflore sem que o processo inicialmente utilizado para desenvolver o aprendizado precise ser retomado.

Um pedagogo cujo nome não me ocorre agora, e a quem peço desculpas por isso, afirma que cultura é tudo aquilo que fica quando esquecemos tudo que aprendemos. Uma frase anedótica, mas extremamente profunda, porque apresenta a raiz da questão – quando o inconsciente tomar conta, adquirimos uma efetiva cultura sobre o tema em questão.

Partimos do suposto por pesquisa, observação e uso em nossas atividades, que, para termos uma cultura gestora caracterizada como totali-

162 Capítulo Sete

zante, precisamos ser expostos a muita informação, tanto formal como informalmente.

Adicionalmente, entendemos que precisamos, sempre que possível, observar situações novas e extrair seus modelos virtuosos; também, transportá-los para compor a cultura gestora é um instrumento adequado e oportuno para o aculturamento do gestor.

Esse aculturamento, em linhas gerais, ocorre quando exercitamos o uso de modelos, identificamos informações relevantes e fundamentamos nosso conhecimento para que nos acostumemos a fazer com que esses módulos cognitivos habitem nosso inconsciente de um modo tal que nosso método de raciocínio aprenda a pescá-los nos subterrâneos sempre que se fizerem necessários.

Também estamos conscientes de que informação estruturada assim recuperada, pelo exercício, precisa se revelar capaz de ser confrontada com outras extraídas do fato perturbador e devidamente articuladas para criar situações inovadoras, criativas e estruturadas capazes de projetar cenários futuros – seu objeto de projeção.

Partimos também da constatação de que há um perfil psicológico privilegiado para o exercício dessa forma de gestão, que se obtém pelo desenvolvimento dos hemisférios esquerdo e direito de cérebro e que permitem que a intuição e a dedução sejam exercidas em um processo auto-regulado.

Por outro lado, para cortar etapas do processo, apresentamos alguns modelos e atalhos para lidar com a complexidade que nossa vivência empresarial demonstrou ser úteis, pela capacidade de mostrar soluções em um emaranhado complexo.

Envolvemos todo o trabalho com um nível de fundamentação que auxiliará o gestor a entender por que o ato de exercer a visão totalizante deve passar pelos passos mostrados e por que cada modelo e conceito apresentado são importantes e devem ser seguidos.

Finalmente, insistimos que os elementos apresentados são o estado-da-arte de um nível de cultura sobre o tema visão totalizante.

Deve portanto o gestor procurar se desenvolver cada vez mais, incorporando modelos, aumentando seu poder de crítica e a própria densidade de seus modelos para sempre poder descobrir a resposta certa para um desafio sem que conscientemente tenha mobilizado qualquer desses modelos.

Aí estão as bases do que pode ser entendido como visão totalizante. Exercite-se, desenvolva-se e surpreenda-se com sua capacidade de resposta e com os resultados obtidos em situações de alta complexidade, mesmo sob pressão.

Bibliografia

ALMEIDA, R. M. C. A Ciência da Complexidade. Porto Alegre: Física na Escola, 2005. v. 6, n. 1.

ARNTZ, W.; CHASSE, B.; VINCENT, M. Quem Somos Nós. Rio de Janeiro: Prestígio, 2007.

BANGS JR., D. H. Planejamento de Negócios: guia prático. São Paulo: Nobel, 1999.

BARBOSA, L. Cultura e Empresas. Rio de Janeiro: Zahar, 2002.

BARBOSA, W. V. Razão Complexa. In: HÜHNE, L. M. (org.). Razões. Rio de Janeiro: Uapê, 1994, p. 17-44.

BATERMAN, T. S.; SNELL, S. A. Administração: construindo a vantagem competitiva. São Paulo: Atlas, 1998.

BERTALANFFY, L. von. Teoria Geral dos Sistemas. Rio de Janeiro: Vozes, 1975.

BUZZI, A. R. Introdução ao Pensar: o ser, o conhecimento e a linguagem. Petrópolis: Vozes, 1998.

CARVALHO, G. M. R.; TAVARES, M. S. Informação e Conhecimento: uma abordagem organizacional. Rio de Janeiro: Qualitymark, 2001.

CHRISTENSEN, C. M. O Dilema da Inovação. São Paulo: Makron Books, 2001.

CUSUMANO, M. A.; MARKIDES, C. C. Pensamento Estratégico. Rio de Janeiro: Campus, 2002.

DALLEDONNE, J. P. de B. Indicadores Empresariais. Rio de Janeiro: Impetus, 2004.

166 **Bibliografia**

_____. Negociação. Rio de Janeiro: Senac, 2004.

_____. Visão Estratégica. Rio de Janeiro: Senac, 2003.

DELLA TORRE, M. B. L. O Homem e a Sociedade. São Paulo: Companhia Editora Nacional, 1983.

FINANCIAL TIMES. Dominando a Administração, São Paulo: Makron Books, 1999.

FULLER, G. Estratégias do Negociador. Rio de Janeiro: LTC, 1993.

GOMES, R. Crítica à Razão Tupiniquim. Curitiba: Edições Criar, 2001.

GUARANY, W. C.; BENTZ, I. M. G. Metacomunicação. Bento Gonçalves: Fervi, 1974.

HAMEL, G.; PRAHALAD, C. K. Competindo pelo Futuro. Rio de Janeiro: Campus, 1995.

HANDY, C. Por Dentro da Organização. São Paulo: Saraiva, 1993.

HELDMAN, K. Gerência de Projetos: PMP. Rio de Janeiro: Elsevier, 2005.

JOHNSON, S. Emergência: a dinâmica de rede em formigas, cérebros, cidades e softwares. Rio de Janeiro: Jorge Zahar, 2003.

KAPLAN, R. S.; NORTON, D. P. A Estratégia em Ação: balanced scorecard. Rio de Janeiro: Campus, 1997.

KLEIN, G. Intuition at Work. New York: Currency Doubleday, 2003.

LÉVY, P. A Inteligência Coletiva: por uma antropologia do ciberespaço. São Paulo: Loyola, 2003.

LIPNACK, J.; STAMPS, J. Rede de Informações. São Paulo: Makron Books, 1994.

MASUDA, Y. A Sociedade da Informação como Sociedade Pós-industrial. Rio de Janeiro: Rio, 1980.

MINTZBERG, H.; AHLSTRAND B.; LAMPEL, J. Safári da Estratégia. Porto Alegre: Bookman, 2000.

MONTENEGRO, E. F.; DALLEDONNE J. P. de B. Gestão Estratégica: a arte de vencer desafios. São Paulo: Makron Books, 1998.

_____. O Gerente do Futuro. São Paulo: Makron Books, 1990.

_____. Gerenciando em Ambiente de Mudança. São Paulo: Makron Books, 1987.

MONTGOMERY, A. C.; PORTER, M. E. Estratégia: a busca da vantagem competitiva. Rio de Janeiro: Campus, 1998.

MORIN, E. Ciência com Consciência. Rio de Janeiro: Bertrand, 2005.

NAISBITT, N.; PHILIPS, D. High Tech – High Touch: a tecnologia e a nossa busca por significado. São Paulo: Cultrix, 1999.

NORA, S.; MINC, A. L'Informatisation de la Société. Paris: La Documentation Française, 1978.

OHMAE, K. O Estrategista em Ação: a arte japonesa de negociar. São Paulo: Pioneira, 1988.

PESSANHA, J. A. M. Razão dialógica. In: HÜHNE, L. M. (org.). Razões. Rio de Janeiro: Uapê, 1994, p. 67-100.

PINA, V. E. C. Inteligência Estratégica nos Negócios. São Paulo: Atlas, 1994.

SCAVARDA, L. C. do C.; DALLEDONNE, J. P. de B. A Engenharia e a Busca de Paradigmas Estruturantes. WEC 2008. Magazine nº 2, Brasília: Confea, 2007.

SCHWARTZ, P. A Arte da Visão de Longo Prazo. São Paulo: BestSeller, 2000.

SERRA COSTA, J. J. da. Teoria da Decisão: um enfoque objetivo. Rio de Janeiro: Rio, 1977.

SILVA PINTO, L. F. O Homem, o Arco e a Flecha: em direção à teoria geral da estratégia. Rio de Janeiro: FGV, 2006.

STROGATZ, S. SINC: the emerging science of spontaneous order. New York: Theia Books, 2003.

SUROWIECKI, J. A Sabedoria das Multidões. São Paulo: Record, 2006.

VAITSMAN, H. S. Inteligência Empresarial: atacando e defendendo. Rio de Janeiro: Interciência, 2001.

WADDINGTON, C. H. Um Instrumental para o Pensamento. São Paulo: Itatiaia, 1979.

WATTS, J. D. Six Degrees: the science of a connected age. New York: Norton, 2003.

WISEMAN, R. Onde Está o Gorila? Rio de Janeiro: BestSeller, 2005.